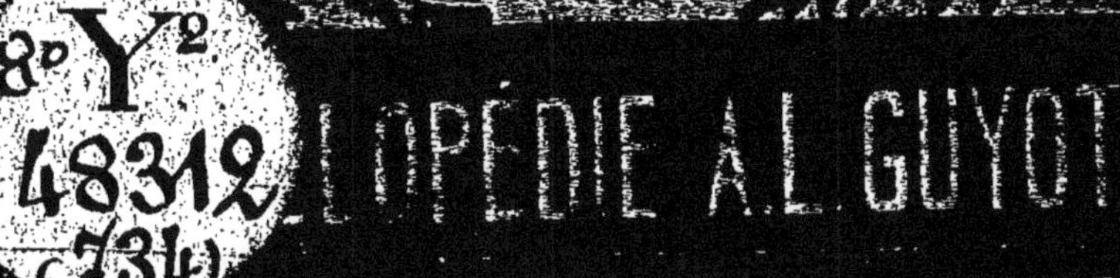

TOUT L'ESPERANTO

En 12 Dialogues

MANUEL POPULAIRE

à l'usage de ceux qui veulent apprendre l'ESPERANTO sans grammaire

PAR

AUGUSTE ANDRÉ

Professeur à l'Union Française de la Jeunesse et à la Société d'Enseignement Populaire
Directeur du [illegible]

PARIS

20, rue des Petits-Champs

Départements, Colonies et Étranger : 35 cent.

(Port en plus)

TOUT
L'ESPERANTO
EN 12 DIALOGUES

MANUEL POPULAIRE

A l'usage de ceux voulant apprendre l'ESPERANTO
sans grammaire

PAR

Aug. ANDRÉ

Professeur à l'Union Française de la Jeunesse
et à la
Société d'Enseignement populaire
Trésorier du Groupe esperantiste de Paris

PARIS
Collection A.-L. GUYOT
20, rue des Petits-Champs, 20

DU MÊME AUTEUR

En préparation :

ESPERANTO PRATIQUE

donnant tous les renseignements utiles :

Etat actuel du mouvement esperantiste
Organisations nationales et internationales
Liste, siège des principales sociétés et groupes
Consulats du Monde entier
Journaux et revues, réunions
Adresses de correspondants, collectionneurs
etc..., etc..., etc...

SUIVI DE

Conseils pratiques et d'un extrait
de littérature esperantiste

Collection A.-L. GUYOT

AVERTISSEMENT

Ce petit ouvrage s'adresse surtout aux débutants esperantistes qui n'ayant conservé que de vagues notions de grammaire, recherchent la compréhension sans trop de technologie.

Nous nous sommes efforcés d'y réunir, sous une forme un peu récréative, les remèdes aux quelques petites fautes les plus coutumières dans l'étude de l'Esperanto.

Les versions reposent sur les règles grammaticales. Quant aux thèmes, ils ont été constitués par les exercices sur le vocabulaire et la formation des mots, et cela de telle manière qu'on pourra facilement contrôler soi-même l'exactitude de ses traductions.

Qu'on nous permette quelques remarques:

— La traduction en français d'un mot esperanto n'est pas toujours possible; un esperantiste comprendra très bien, par exemple, le sens exact du mot « samideano », qu'on ne peut traduire en français que par la périphrase « partisan de la même idée»;

— Un bon moyen pour retenir un affixe est d'apprendre le mot donné en exemple pour son emploi;

— Des phrases usuelles, non classées volontairement, se trouvent à la fin de chaque leçon. N'y prêter une grande attention qu'après entière assimilation des règles grammaticales, qui alors feront comprendre de suite la traduction;

— Quelques mots, d'un usage fréquent et dont le sens offre quelque difficulté à un Français, ont été répétés à dessein dans plusieurs parties du vocabulaire.

Les mots dits « simples » se retrouvent groupés, avec leur signification, dans le 12e tableau.

Nous avons l'espoir que nous aurons fait profiter de nos conseils un bon nombre de « samideanoj », et à ce sujet, nous devons remercier ici nos collègues MM. P. Benassy et J. Marty, des renseignements pratiques qu'ils ont bien voulu nous permettre de joindre aux nôtres.

Puisse ce petit livre atteindre le but désiré et apporter ainsi son humble contribution pour le triomphe des deux nobles causes humanitaires :

ESPERANTO ET PERESPERANTA FRATECO

L'Auteur.

TOUT L'ESPERANTO

En 12 Dialogues

Un coup d'œil préliminaire

TOUTE LA STRUCTURE DE LA GRAMMAIRE SUR TROIS PAGES

FINALES. — Les substantifs finissent par *o*; les adjectifs par *a*; les adverbes par *e*; le pluriel par *j*; le complément direct et but d'un mouvement par *n*.

FINALES DES VERBES. — A toutes les personnes, le présent finit par *as;* le passé par *is*; le futur par *os*; le conditionnel par *us*; l'impératif par *u*; l'infinitif par *i*.

Le participe passé actif se termine par *int.*
« présent actif se termine par *ant.*
« futur actif se termine par *ont.*
Le participe passé passif se termine par *it.*
« présent passif se termine par *at.*
« futur passif se termine par *ot.*

LISTE DES PREFIXES ET SUFFIXES

PRÉFIXES

bo, parenté par mariage : *patro*, père; ***bopatro***, beau-père.
dis, dispersion : ***ĵeti***, jeter; ***disĵeti***, éparpiller.
ek, début d'une action : *kanti*, chanter; ***ekkanti***, commencer à chanter.
eks, correspond au français *ex* : ***eksprezidanto***, ex-président.
ge, réunion des deux sexes : ***onklo***, oncle; ***geonkloj***, oncle et tante.
mal, contraire : ***fermi***, fermer; ***malfermi***, ouvrir.
pra, arrière-parent : *avo*, grand-père; ***praavo***, arrière-grand-père.
re, réitération, retour : *veni*, venir; ***reveni***, revenir.

SUFFIXES

aĉ, péjoratif, prix en mauvaise part : ***ĉevalo***, cheval; ***ĉevalaĉo***, rosse.
ad, action, durée : *parolo*, parole; ***parolado***, discours.
aĵ, une chose concrète : ***blanka***, blanc; ***blankaĵo***, une chose blanche.
an, partisan, habitant : ***ligo***, ligue; ***ligano***, ligueur; ***Parizo***, Paris; ***Parizano***, Parisien.
ar, collection, réunion : ***vagono***, wagon; ***vagonaro***, train.
ĉj, diminutif caressant (masculin) : ***Henriko***, Henri; ***Henrikĉjo***, petit Henri.
ebl, possibilité : ***vidi***, voir; ***videbla***, visible.
ec, qualité abstraite : ***amiko***, ami; ***amikeco***, amitié.
eg, augmentatif ; ***granda***, grand; ***grandega***, immense.

ej, lieu affecté à : *lerni*, apprendre; ***lernejo***, école.
em, penchant, inclination : ***trinki***, boire; ***trinkema***, buveur.
er, parcelle, élément : *polvo*, poussière; ***polvero***, grain de poussière.
estr, chef : *familio*, famille; ***familiestro***, chef de famille.
et, diminutif : ***branĉo***, branche; ***branĉeto***, branchette.
id, descendant ; ***ŝafo***, mouton; ***ŝafido***, agneau.
ig, faire, rendre : ***porti***, porter; ***portigi***, faire porter.
iĝ, se faire, devenir : ***bela***, beau; ***beliĝi***, devenir beau.
il, outil, instrument : ***segi***, scier; ***segilo***, scie.
in, féminin : *fraŭlo*, célibataire; *fraŭlino*, demoiselle.
ind, mérite, dignité : *laŭdi*, louer; ***laŭdinda***, louable.
ing, étui, contenant partiel : ***kandelo***, chandelle; *kandelingo*, chandelier.
ist, profession : ***seruro***, serrure; ***seruristo***, serrurier.
nj, diminutif caressant (féminin) : ***patrino***, mère; *patrinjo*, maman.
obl, multiplicatif : ***tri***, trois; ***triobla***, triple.
on, fractionnaire : ***du***, deux; ***duobla***, double.
op, collectif : ***kvar***, quatre; ***kvarope***, à quatre.
uj, contenant total : *sukero*, sucre; ***sukerujo***, sucrier.
ul, être caractérisé par : ***juna***, jeune; ***junulo***, jeune homme.
um, sens indéterminé : ***kolo***, col; ***kolumo***, faux-col.

PREMIER TABLEAU

Il y a 28 lettres dans l'alphabet :

Aa	Bb	Cc	Ĉĉ	Dd	Ee	Ff
Gg	Ĝĝ	Hh	Ĥĥ	Ii	Jj	Ĵĵ
Kk	Ll	Mm	Nn	Oo	Pp	Rr
Ss	Ŝŝ	Tt	Uu	Ŭŭ	Vv	Zz

Il n'y a pas de lettres muettes en Esperanto. Une lettre équivaut à un son et un son à une lettre. Les lettres gardent partout le son alphabétique.

L'accent tonique (élévation de la voix) se place toujours sur l'avant-dernière syllabe d'un mot.

Sauf les exceptions suivantes, les lettres se prononcent comme en français :

c	*ts*	cedi	prononcez	TSEdi
ĉ	*tch*	ĉapelo	—	tchaPElo
e	*é*	eble	—	Eblé
g	*gue*	gitaro	—	guiTAro
ĝ	*dj*	ĝardeno	—	djarDEno
h	*aspiré*	havi	—	HAvi
ĥ	*(très asp.)*	ĥino	—	HIno
j	*y (yeux)*	kaj	—	caille
ĵ	*j français*	ĵeti	—	JEti
s	*ss*	raso	—	RASso

ŝ	***ch***	ŝirmo	prononcez	CHIRmo
ŭ	***ou***	ĵuri	—	JOUri
ŭ	***ou*** *(bref)*	baldaŭ	—	BAL*daou*

Les diphtongues françaises an, in, un, on, en, um, etc., se prononcent ann' inn' ounn', onn', énn', oumm'.

Remarques : ŭ consonnant ne s'emploie jamais isolé, mais accolé à A et E. Il donne alors les sons aŭ et eŭ (aou et eou), d'une seule émission de voix, comme dans le mot français miaou (cri du chat).

j est aussi une demi-voyelle. Ex. : patroj (PAtroill') — pomujo (poMOUillo).

EXERCICE DE LECTURE

(AVEC PRONONCIATION FIGURÉE)

bato
BAto
boato
boAto
donaco
doNAtso
ĉielo
tchiElo
geavoj
guéAvoill'
bluaĵo
blouAjo

ete
Eté
tiel
TIél
ĉar
tchar
ĵaketo
jaKEto
ie
Ié
tiam
TIamm'

historio
histoRIo
horloĝo
horLOdjo
semajno
seMAYno
ruina
rouIna
je
illé (*yé*)
ŝarĝo
CHARdjo

kiu
KIou

ŝerci
CHERtsi

kie
KIé

trouzi
troOUzi

ŝeloj
CHEloill'

eĉ
étch

krajonoj
kraYOnoill'

kiel
KIél

sinjorino
sinyoRIno

adiaŭ
aDIaou

aŭtomobilo
aoutomoBIlo

ĝis
djiss

krucumi
krouTSSOUmi

celo
TSSElo

ĵuse
JOUsé

plaĉis
PLAtchiss

ĥemio
ĥeMIo

ekscii
eksTSIi

juĝi
YOUdji

ja
ya (illa)

ia
Ia

regni
REGUni

tuj
touill'

tagon
TAgonn'

ĉu
tchou

danke
DANNké

se
sé

jaron
YAronn

aeroplano
aéroPLAno

fraŭlo
FRAOUlo

ĝuado
djouAdo

neĝo
NEdjo

ĵaŭde
JAOUdé

ĵaluzo
jaLOUzo

bonan
BOnann'

inciti
inTSIti

ankaŭ
ANNkaou

ankoraŭ
annKOraou

kiu
KIou

sanas
SAnass

estas
EStass

ago
Agou

aĝo
Adjo

vesperon
véssPEronn

buŝo
BOUcho

instrui
innsTROUi

lingvo
LINNGvo

kuzino
kouZIno

DIALOGUE

LE CAPORAL BOURRACHE ENTREPREND L'ÉDUCATION ESPERANTISTE DU SOLDAT SIBOULE

— Dis donc, Bourrache ?

— Hein ?

— T'es un chic type, pas vrai ? Alors, c'est pour te dire que hier soir j'ai été à la première leçon du cours d'Esperanto. J'ai la bonne intention de l'apprendre et ce serait pour te demander un coup de main de temps en temps pour m'expliquer, toi qui le sais sur le bout du doigt !

— C'est à voir, hum !... Mon vieux Seboule, j' m'en vas d'abord te dire une bonne chose : vu que j' suis ton supérieur gradé et vu que j' suis d' la classe et toi d' la « petite », je consens, mais à condition que tu me repasses une bonne pipe par-ci par-là. Et puis, j' m'en vas t'avertir d'une chose, c'est que si tu n' comprends pas mes explications assez vite, j' te fourrerai d'dans tout quasiment comme dans l' service melitaire ! Ah ! mais oui !

— Tu dis çà, mais...

— Suffit ! Çà suffit !... Autre chose encore, que j' peux te dire entre quatre-z-yeux, c'est que si je suis « calé » en théorie esperantiste, c'est vu que j'ai toujours dans ma poche un calepin, où qu' j'avais noté toutes les remarques de mon professeur !

— Pour lors, je comprends, maintenant, Bourrache !

— Tais-toi ! C'est pas vrai ! Tu n' peux pas comprendre !... Et puis, commençons tout d' suite ! Passe-moi ton cahier... Combien de lettres en Esperanto ?

— Ben ! 28.

— Très bien, Seboule, très bien ! Nomme-moi les lettres françaises qui ne font pas partie de l'alphabet esperantiste ?

— Les lettres *q, x, y.*

— Et comment que tu traduirais un *x* français ?

— Tiens, pardi, quand il a le son de *ks*, comme dans *fixe*, par un *k* et un *s*, qui font *ks*, puisque en Esperanto toutes les lettres se prononcent.

— Maintenant, comment que tu écrirais, en esperanto, d'après le son, le mot « rouille » ?

— Par un *r*, un *u* et un *j* : *ruj.*

— Parfait ! Prononce-moi le mot français « stagnant », en esperanto !

— Voilà : *stag'nannt'.*

— Bougre de gourde ! Et ton accent tonique, qu'est-ce que t'en fais ? Oh ! mais, il n' faudra pas aller comme ça ! Tu dois prononcer *stag'* plus fortement que *nant'.* Ouvre tes oreilles et écoute parler la théorie : C'est l'accent tonique qui... que... Attends voir que j' prends mon calepin !... *C'est l'accent tonique bien placé qui fait la véritable unité de prononciation de l'Esperanto. La syllabe tonique est toujours l'avant-dernière syllabe du mot.* » As-tu compris ?

— Je retiendrai cela !

— Maintenant, encore un : comment que tu prononcerais : foire ?

— *fo-I-ré.*

— *Perfekte !*

— Hein ?

— C'est parfait, que j' te dis ! C'est tout c' qui t'embêtait ?

— Il y a encore le *aŭ.*

— Eh ben, çà se prononce comme aou, mais seulement d'un seul coup, Ainsi *laŭ* ne forme qu'une syllabe.

— Çà va.

— Et surtout fais attention à n' pas voir à prononcer le *u* esperanto comme le *u* français ou alors... Tiens, repos ! T'as-t'y ton tabac fin, Seboule ?

VOCABULAIRE

(A APPRENDRE PAR COEUR)

à, vers	al
âge	aĝo
bien	bone
bière	biero
bouche	buŝo
bras	brako
de	de
douleur	doloro
en, dans	en
enfant	infano
est-ce que	ĉu
et	kaj
être	esti
jour	tago
heure	horo
homme	homo
la, le, les, l'	la
matin	mateno
non, ne... pas	ne
nuit	nokto
oui	jes
papier	papero
qui, lequel	kiu
tête	kapo
très	tre
vent	vento

PHRASES ET LOCUTIONS USUELLES

— Bonan tagon, Sinjoro.
Bonjour, Monsieur.
— Bonan vesperon, Sinjorino.
Bonsoir, Madame.
— Bonan jaron, Fraŭlino.
Bonne année, Mademoiselle.
— Kiel vi fartas ?
Comment allez-vous?
— Kiel vi statas ?
Comment vous portez-vous?
— Kiel vi sanas ?
Comment vous portez-vous?
— Mi dankas vin.
Je vous remercie.
— Danke, ĉu vi volas... ?
Merci, voulez-vous...?
— Ĉu vi parolas... ?
Parlez-vous...?
— Se vi bonvolas.
S'il vous plait.
— Se plaĉas al vi.
S'il vous plait.
— Bonvolu.
Veuillez.
— Adiaŭ.
Adieu.

DEUXIÈME TABLEAU

Article : *le, la, les, l'* se traduisent toujours par *la*. Par conséquent, un seul article en Esperanto (comme en anglais *the*).

Ex. : la homo, la tablo, la persono.

Un, une, de, des, ne se traduisent pas. Pas d'article indéfini en Esperanto.

Ex. : Le père est un grand homme.
La patro estas... granda homo.

Du, de la, de l', des exprimant une idée de possession, se traduisent par *de la*.

Ex. : l'enfant de l'ami.
la infano de la amiko.

Racine : Partie fondamentale d'un mot : patr', hom', plafon', infan'.

La racine est toujours inaltérable. On y ajoute différentes terminaisons grammaticales pour former différentes sortes de mots:

o ajouté à une racine marque le *substantif*.
Ex. : patro, père, — persono, personne.

a ajouté à une racine marque *l'adjectif*.
Ex. : patra, paternel, — persona, personnel.

e ajouté à une racine marque l'*adverbe*.
Ex. : patre, paternellement.

j ajouté à un mot marque le *pluriel.*

Ex. : la tabloj, — la bonaj patroj.
les tables, — les bons pères.

Affixes : l'Esperanto doit sa richesse d'expression, malgré son nombre restreint de racines, à ses terminaisons grammaticales (o, a, e, j, etc.), et surtout à ses affixes (préfixes et suffixes).

Le *préfixe* se met devant la racine.

Ex. : en français : *mal*heureux, *pré*voir,

Le *suffixe* s'ajoute à la racine.

Ex. : en français : chambr*ette*, chim*iste*.

Suffixes :

in marque le féminin des substantifs.

Ex. : patro, patrino, amiko, amikino.
père, mère, ami, amie.

an indique l'habitant, le membre, le partisan :

Ex. : societo, societano, urbo, urbano.
société, sociétaire, ville, citadin.

ist indique la profession, métier, qui s'occupe de :

Ex : servi, servisto, ĉapelo, ĉapelisto.
servir, serviteur, chapeau, chapelier.

Remarque : deux et quelquefois trois suffixes peuvent se suivre et former ainsi un nouveau mot :

Ex. : grupo, grupano, grupanino.
groupe, membre de groupe, membre (féminin).
servi, servisto, servistino.
servir, serviteur, servante.

BOURRACHE EXPLIQUE

— Çà y est, Bourrache ! J'ai vu le 2e.

— Çà va bien, çà va bien ! Attends voir un peu que... que je fasse... permuter les notes de mon calepin... Voyons, t'as-vu l'**Article.**

— Oui, mais...

— L'as-tu vu ou l'as-tu pas vu ?

— J' l'ai vu, seulement, on a parlé de noms propres...

— Silence ! j'ai la page... « *On ne met jamais l'article « la » devant un nom propre, parce que ce mot représente un nom qui ne convient qu'à l'objet dont on parle* ». As-tu compris ?

— Sûrement : pour traduire « le Panthéon » je dirais « Pantheono » sans mettre *la.*

— *Perfekte!*

— Pour lors, Bourrache, pour les noms de famille, c'est-y qu'on les traduit ?

— Oh mais non ! Ecoute voir que j' te lise un bonne chose : « *Les noms de famille sont invariables. On met quelquefois entre parenthèses leur prononciation phonétique* ».

C'est bien c' que j' pensais. Ainsi moi, Ca-p'ral Bourrache, je mettrais entre... entre...

— Entre parenthèses...

— Silence ! sacré bavard ! Je mettrais (Buraŝ)... Là-z-à présent, nomme moi des substantifs français ?

— Père, table, oiseau, sont des substantifs parce que je peux mettre *un* ou *une* devant.

— Très bien, Seboule, très bien ! Et ces mots là finissent par quoi en esperanto ?

— Par *o*.

— C'est c' qu'il fallait dire tout de suite ! Au tour des adjectifs...

— Beau, grand, silencieux, sont des adjectifs et ils se terminent par *a* en esperanto.

— Adverbes ?

— Sagement, ordinairement...

— Remarque bien, Seboule, qu'en français ces mots là finissent souvent par « ment ».

— Je continue, caporal !... sont des adverbes qui se terminent par *e* en esperanto.

— Pluriel ?

— Pères, tables, qui finissent par *j*.

— Je vois que tu es très intelligent vu que tu fais des progrès.

— Dis donc, Bourrache, *korvo,* çà veut dire « corbeau », pas vrai ? Et *korvino,* c'est la femme...

— La femelle, tourte !

— Alors, comment qu' çà s' dit en français, le mot *korvino ?*

— ......

— A c' qu'il parait, tu n' pourrais dire, que « *corbeau-femelle* » !

— Soldat Seboule, j' vous colle deux jours avec el' motif pour avoir fait des... des... remontrances envers un supérieur !

— Ah ! zut !

— Suffit ! çà suffit ! Continuons : comment que tu dirais « aimer » ?

— *Ami*, et même qu'en changeant l'*i* par un *o* çà fait *amo*, amour.

— C'est bien ! quéqu' çà veut dire « kiu » ?

— Ben, tu sais, Bourrache, j' m'en rappelle plus !

— On s'en va vous l' dire, feignant ! « Kiu » sert quelquefois à interroger comme dans les phrases : *Qui vient là ? — Lequel paiera la tournée ?* et il remplace aussi « qui, que, lequel, laquelle », sans interrogation dans une phrase : *L'homme que j'ai vu.*

— Je comprends : L'homme, « lequel » j'ai vu.

— Allons, repos, çà vient, mais c'est dur !

VOCABULAIRE

(La traduction des mots nouveaux formés à l'aide des affixes de la 3e colonne se retrouve en partie dans le thème).

aimer	ami	o
après, derrière	post	
au sujet de	pri	
avant	antaŭ	
avec	kun	
car	ĉar	
cela	tio	
ceci	tio ĉi	
celui, cet, cette	tiu	
celui-ci	tiu ĉi	
chapeau	ĉapelo	isto
chat	kato	ino
cheval	ĉevalo	ino
courir	kuri	o, isto
cousin	kuzo	ino
dire	diri	
époux	edzo	ino
est (il, elle)	estas	
Europe	Eŭropo	ano, anino
fiancé	fianĉo	ino
fils	filo	a, e, ino
frère	frato	a, e, ino
garçon (petit)	knabo	ino
homme (mâle)	viro	ino
laver	lavi	isto, istino
main	mano	

mer	maro	isto
Monsieur	sinjoro	ino
on	oni	
oncle	onklo	ino
ou	aŭ	
Paris	Parizo	ano, anino
pays	lando	
père	patro	a, e, ino, ina
porter (se)	farti	
pour	por	
que	ke	
qui, lequel	kiu	
quoi	kio	
rester	resti	
saluer	saluti	o
sembler, ressembler	ŝajni	
servir	servi	o, isto, istino
société	societo	ano, anino
sous	sub	
sur	sur	
trop	tro	
trouver	trovi	
vendre	vendi	isto, istino
ville	urbo	ano, anino
voir	vidi	
vouloir	voli	o

VERSION

(A TRADUIRE)

La mano de la patro. La kato estas kun la katino. Tio estas ĉapelo. Tio ĉi estas brako. La knabo estas sur la ĉevalo. La papero de tiu sinjoro estas sub la mano de la kuzo. La frato de tiu ĉi sinjorino estas kun la knabino. La lavistino kaj la vendistino estas (*sont*) urbaninoj. La societo estas en Parizo. La patrino ne estas en la urbo. La maristo estas sur la maro. La buŝo de la knabo. La virino (*femme*), kiu estas kun la kuzino, estas la edzino de tiu ĉi viro. Kaj ĉu la infano estas kun la onklo ?

THEME

(A TRADUIRE)

L'âge de la fiancée. Le marin est un Parisien. Le salut de la petite fille. L'amour paternel, maternel, filial. Ce chapelier est le cousin du fiancé. Le serviteur est sur la jument. La fille de la tante est à Paris. Les sociétaires sont (estas) dans le pays de ce Monsieur. Le vendeur est un citadin. Les servantes sont dans la ville. Cet enfant est le fils de Monsieur. Ce coureur-ci est le frère de cet homme (*viro*). Avant la course. La mère ne sera pas (*ne estos*) à (*en*) Paris.

PHRASES ET LOCUTIONS USUELLES

— Ĝis revide.
Au revoir.

— Ĝis (la) revido.
Au revoir.

— Ĉu vi komprenas ?
Comprenez-vous?

— Plezure.
Avec plaisir.

— Plezurege.
Avec beaucoup de plaisir.

— Pardonu al mi.
Pardonnez-moi.

— Kompreneble.
Naturellement.

— Koran saluton.
Salutation cordiale.

— Ĉu ne ?
N'est-ce pas?

— Mi deziras al vi.
Je vous souhaite.

— Kredeble.
Probablement.

— Eble.
Peut-être.

— Ĝis morgaŭ.
Jusque demain, à demain.

TROISIÈME TABLEAU

VERBES : Il y a des mots qui servent à désigner l'état ou l'action (l'existence, l'affirmation, la passion, etc.), on les nomme *Verbes*. Ex. : Paul aime, Louis écrit, Henri dort ; aime, écrit, dort, sont des verbes.

L'étude des verbes dans une langue est la terreur des étudiants : par exemple, en français, il y a plus de 2.000 formes (altérations) du verbe. L'allemand, le russe n'ont rien à envier au français.

En Esperanto, il y en a seulement 12 (6 pour les temps simples, 6 pour les temps composés) au moyen desquelles on peut traduire toutes les nuances ou formes du verbe français et même beaucoup d'autres.

i, ajouté à une racine, indique l'*infinitif*.

Ex. : vend*i*, vendre, — vol*i*, vouloir.

is, ajouté à une racine, indique le ***passé***.

Ex. : la patro vol*is*, le père voulut.

as, ajouté à une racine, indique le ***présent***.

Ex. : la onklo salut*as*, l'oncle salue.

os, ajouté à une racine, indique le ***futur***.

Ex. : tiu viro vol*os*, cet homme voudra.

us, ajouté à une racine, indique le ***conditionnel***.

Ex. : Sinjoro am*us* se... Monsieur aimerait si...

u, ajouté à une racine, indique l'***impératif***.

Ex. : jet*u*, jetez, — Restu, S-ro, restez, Mr.

Négatif : Les négatifs français ***non*** et ***ne... pas*** se traduisent par *ne*.

Ex. : Ne, Sinjorino ; non, Madame.

La infano ne legas, l'enfant ne lit pas.

Interrogatif : Quand on peut tourner une phrase interrogative de façon à la commencer par « est-ce que », on met ***ĉu*** au commencement de cette phrase.

Ex. : Ĉu la onklo venos? l'oncle viendra-t-il? Ĉu Leono dankas? Est-ce que Léon remercie ?

Préfixe : *mal* indique le contraire.
agrabla, agréable, — malagrabla, désagréable.

Suffixes. : *et* est un diminutif.

Ex. : arbo, arbre, — arbeto, arbuste.

eg est un augmentatif.

Ex. : **granda, grand,** — grandega, immense.

Remarques : 1° La locution *il y a* se traduit par le mot *estas ; il y avait* se traduit par *estis* et *il y aura* par estos.

Ex. : hieraŭ estis la onklino, hodiaŭ estas la patrino, morgaŭ estos la knabino. — Hier il y avait la tante, aujourd'hui il y a la mère, demain il y aura la petite fille.

2° Bien retenir la signification de :

por, pour, afin de, en faveur de.
per, au moyen de, par, avec (instrument.)
pri, au sujet de, sur.
pro, à cause de, pour (motif.)

SIBOULE FAIT DES PROGRES

— Pour lors, Seboule, tu veux encore des essplications ?

— Censément...

— Passe-moi ton travail !... Quelle différence que tu vois entre les verbes esperantistes et les verbes français ?

— Ben, voilà : c'est que la fin des verbes français n'est pas toujours pareille : je su*is*, tu *es*, nous som*mes*, etc., et qu'en esperanto c'est toujours la même chose : par *is* pour tout ce qui est passé, *as* pour tout le présent, et *os* pour tout le futur.

— Parfait, parfait ! Je vois qu' t'es « calé ». Vu que je l' suis plus qu' toi, j' m'en vas te dire une bonne chose à propos de l'impératif.

— ... qui finit par *u*...

— Suffit ! j' t'ai pas déposé une demande! « *On emploie l'impératif subjonctif pour exprimer l'ordre, la volonté, la prière, la nécessité, le besoin* ». Par exemple, quand je t'ordonne de courir, je dirais « kuru » !

— Bon !

— Par quoi que tu fais des questions en esperanto ?

— En tournant les phrases par *ĉu* (est-ce que)...

— ... à moins que des fois tu te trouves en présence de « *kiu, kio* », ou d'une espèce de mot comme ceux-là, qui commencent par un *k* et qui font déjà la question ! Quand j' te dis : Quoi t'est-ce que tu payes ? c'est comme si je te déposais la demande : Quoi qu'tu payes ? je mettrais « *kio* » et ça suffit.

— Compris ! si j' vois un mot comme ça pour questionner, j' n'essayerai pas à placer *ĉu*.

— Et puis-z-à présent, dis-moi d'où est-ce que vient le deminutif « *et* » ?

— ...

— Si t'étais plus malin, tu dirais : Parbleu, cap'ral Bourrache, mais du français, vu que l'aut' jour dans votre chanson, vous disiez « ma pauvrette » et que vous parliez d'une petite pauvre !

— Ah ! oui.

— Pour lors, si t'as introduit çà dans ton çeboulot, on va passer à aut' chose. Comment que tu traduirais : *Le compte-rendu de la fête ?*

— *La...*

— *... raporto...*

— *La raporto de la festo.*

— Sacré bougre de tourte ! J'ai envie de « t'affliger » deux jours ! Et ton accent tonique ? Et *pri,* qu'est-ce que t'en fais ?...

— Te fâche pas, j'vas l' dire. T'oublies jamais rien, toi, Bourrache ?

— Pas d' réclamations, où j' m'en vas t' porter au rapport... *La raporto pri* (au sujet de) *la festo.* Et puis maintenant, comment que tu traduirais : *Le rapport de Bourrache ?*

— Ah ! c' coup-ci, mon vieux, c'est « *La raporto de Bourrache* » parce que c'est un rapport de toi, fait par toi, et qui n'est pas « au sujet » de toi, mais plutôt d' moi ou d'un pauvre copain !

— Çà suffit !... Comment que tu dis « chaud » ?

— Varma, et même qu'en mettant *mal* devant, çà fait *malvarma* « froid »...

— C'est mieux...

— ... et même qu'en mettant *mal* devant *varma* et un *e* à la fin à la place de l'*a* (mal-*e*), çà ferait *malvarme* « froidement ».

— Seboule, mon ami, c'est plus que bien ! Je t'enlève les deux jours qui te seront « collés » à première occasion !... Seulement, te sauve pas, c'est maintenant l'heure à voir à la théorie melitaire. !

VOCABULAIRE

(La traduction des mots nouveaux formés à l'aide des affixes de la 3e colonne se retrouve en partie dans le thème.)

à cause de	pro	
à haute voix	laŭte	mal
à travers	tra	
au moyen de	per	
agréable	agrabla	e, mal-a, mal-e
aller	iri	
ainsi	tiel	
Amerique	Ameriko	ano, anino
ami	amiko	a, e, ino, mal-o
arbre	arbo	eto
aujourd'hui	hodiaŭ	
auprès de	apud	
avoir	havi	
beau	bela	mal-a eta
beaucoup	multe	mal
bon	bona	e, mal-a
branche	branĉo	eto
célibataire	fraŭlo	ino
c'est pourquoi	tial	
chambre	ĉambro	eto
chaud	varma	e, mal-a, eta
comment, comme	kiel	
déjà	jam	
demain	morgaŭ	

désirer	deziri	o
facile	facila	e, mal-a, mal-e
grand	granda	e, mal-a, ega
haut	alta	e, mal-a
hier	hieraŭ	
jardin	ĝardeno	isto, eto
jeune	juna	mal-a
lieu	loko	
livre	libro	eto
maintenant	nun	
mais	sed	
maison	domo	eto
montagne	monto	ano, anino, eto
nécessaire	necesa	o, e, ega, ege
objet	objekto	
oiseau	birdo	eto
parler	paroli	o
pluie	pluvo	ego, eto, i
pourquoi	kial	
quelque	kelka	
remercier	danki	o, eto
serrure	seruro	isto
si	se	
temps (qui passe)	tempo	
temps (qu'il fait)	vetero	
un peu	iom	eto
voie	vojo	eto
vrai	vera	o, mal-a, e

VERSION

(A TRADUIRE)

La libro, la plumo kaj la belaj krajonoj estas sur la fenestro. Kiu iras hodiaŭ al la urbo? Estis pomoj en la ĝardenoj. Kiu estas nun sur la monto? Venu kun Fraŭlino (M-lle), iru al la patro kaj danku. Kiel la kuzino estos (sera-t-elle)? Pri kiu aŭ pri kio parolas tiu ĉi virino? Pri la infano, kiu (lequel) iros morgaŭ al Ameriko. Diru al Johano, ke la patro ne estas en la ĉambro. La homo manĝas per la buŝo. Pro kio la fraŭlino kuras tiel? Kial la loko estas tiel (si, ainsi) granda? Tial la frato restos.

THEME

(A TRADUIRE)

Ce jardin est immense. Non, Mr. ceci est un objet indispensable. Qui parlera? Restez et parlez à voix basse. Est-ce que le temps sera beau? Non, Madame. Ce garçon était très laid. Courez sur le sentier. Ce jardinier est un ennemi de l'averse. Ce serrurier-ci est vraiment petit! La montagnarde irait (us) sur la colline, si le temps était (estus) beau. Ce garçon (fraŭlo) parle peu, difficilement et très désagréablement. Pourquoi l'arbuste est-il auprès de la petite maisonnette? Le temps est-il froid (ĉu la...)? Iom.

PHRASES ET LOCUTIONS USUELLES

— Ĉu vi estas Esperantistino, Sinjorino?
Etes-vous Esperantiste Madame?

— Ĉu estas vi, mia kara amiko?
Est-ce vous, mon cher ami?

— Venu kun mi!
Venez avec moi!

— Ĉu vi konas Sinjoron...?
Connaissez-vous M...?

— Ĉu vi havas korespondantojn?
Avez-vous des correspondants?

— Timu nenion!
Ne craignez rien!

— Tre bone, kaj vi?
Très bien, et vous?

— Mi estas kontenta vin vidi.
Je suis content de vous voir.

— Kion signifas tiu vorto?
Que signifie ce mot?

— Kiel oni tradukas la vorton...?
Comment traduit-on le mot...?

— Mi ne memoras la signifon.
Je ne me rappelle pas la signification.

— Jen li (ĝi)!
Le voici!

— Mi ne kromprenas.
Je ne comprends pas.

QUATRIÈME TABLEAU

Pronoms personnels :

mi, je, moi	*ni*, nous
ci, tu, toi	*vi*, vous
li, il, lui	*ili*, ils, eux, elles
ŝi, elle	*si*, soi
ĝi, il, elle (neutre)	*oni*, on

Le *ĝi* s'emploie pour les objets, les êtres dont le sexe n'est pas précisé. *Ili* s'emploie pour le pluriel (personnes, choses).

Possessifs : Il suffit d'ajouter *a* (adjectif).

mia (*miaj*), mon, ma (mes)
cia (*ciaj*), ton, ta (tes)
lia (*liaj*), son, sa (ses), *possesseur masculin.*
ŝia (*ŝiaj*), son, sa (ses), *possesseur féminin.*
ĝia (*ĝiaj*), son, sa (ses) *possesseur neutre.*
nia (*niaj*), notre (nos)
via (*viaj*), votre (vos)
ilia (*iliaj*), leur (leurs)
sia (*siaj*), son, sa, leur (*possesseur sujet de la phrase*).

Le pronom possessif le mien, le tien, les siens, le nôtre, etc... s'obtient en faisant précéder de l'article *la*. Ex. : le mien, *la mia* ; les miens, les miennes, *la miaj* ; la vôtre, *la via* ; les siens (masculin), *la liaj* ; le sien, la sienne (féminin), *la ŝia*; les leurs, *la iliaj*.

Analyse grammaticale : on reconnait le *sujet*, dans une phrase, en mettant « qui est-ce qui » ou « qu'est-ce qui » avant le verbe.

On reconnait le *verbe* esperanto par sa terminaison caractéristique (i, is, as, os, us, u).

On reconnait le *complément direct* en posant, après le sujet et le verbe, la question « qui ? » ou « quoi ? ».

Ex. : **Je** vois **un cheval.**
Mi vidas... ĉevalo'n.
(*sujet*) (*verbe*) (*complément direct*)

Accusatif : en Esperanto, on ajoute la lettre *n* (accusatif), aux mots qui sont compléments directs (noms, pronoms, adjectifs).

Le père voit un beau jardin.
La patro vidas ... belan gardenon.
Il voulait des livres.
Li volis ... librojn.

Il n'y a jamais d'accusatif après les verbes *être, paraître, sembler, croître, devenir, rester,* qui expriment non une action, mais *un état.*

Suffixes : *il,* signifie instrument, outil.
Ex. : kudri, coudre, — kudrilo, aiguille.
ar, indique une collection de...
Ex. : arbo, arbre, — arbaro, un bois.
ej, indique le lieu affecté à...
Ex. : horloĝo, horloge, — horloĝejo, horlogerie.

BOURRACHE S'EMBALLE

— Çà n' va donc pas, Seboule ?

— Censément qu' çà a été plus dur que les autres fois.

— Donne voir... Oh ! mais oui ! et que je vais être obligé de t'en donner des « tuyaux » et que pour lors çà vaudra au moins un bon diner à... « vingt-deux sous » au moins !

— Si çà vaut çà, çà vaudra çà.

— Alors, çà va bien... J' m'en vas d'abord te dire ce que c'est qu'une phrase... Çà se compose si tu veux : d'un *sujet*, qui fait l'action, d'un *verbe*, qui essprime l'action, et d'un *complément* qui subit l'action ou alors un qualificatif, dans ce dernier cas-là, c'est un *attribut*.

— J' comprends pas bien...

— Selence ! Attends voir... Je dis la phrase : « *Seboule est bête* ». Ben, qui c'est qui est dans l'état d'être bête ?

— Sûrement qu' c'est pas toi !

— *Perfekte* ! Donc, *Seboule* sujet, *est* verbe et *bête* seulement un attribut, parce que çà ne subit pas d'action, mais çà qualifie... Dans cette autre là : « *Seboule donne une pipe* »...

— Oui, je vois : *Siboule* fait toujours l'action, donc il est sujet ; *donne,* verbe ; *une pipe,* complément direct, parce que la pipe subit l'action d'être donnée.

— Très bien. Alors mets-toi bien dans l' ceboulot qu'il faudra toujours un *n* à ces mots-là qui sont compléments directs : *Seboule donas pipon.*

— Bon ! et pas aux attributs, alors ?

— Mais non, puisque leur verbe essprime, comme tu l'as vu, une qualification, un état, tout quasiment comme *être, paraître, sembler, devenir, rester.* Pour lors, en mettant un *n* comme je t'ai dit, tu sauras toujours où te retrouver : si je dis « *Pipon donas Seboule* », ben, malgré le changement, tu verras qu' c'est toujours kif-kif, vu que c'est toujours la pipe qui indique qu'elle subit l'action !

— Çà, c'est chic tout d' même ! Et c'est-y aussi qu'on ajoute un *n* aux pronoms *mi, li,* etc..., quand ils sont compléments directs ?

— J' te crois, mon vieux Seboule. Quand je te dis : *Je le vois* (mon frère), je traduirais « *Mi lin vidas* ». De même, aussi, quand tu dis : *L'homme que* (lequel) *je vois,* tu t'empresseras de traduire « *La homo, kiun mi vidas* »...

— ... Pourquoi *n* à « kiu » ?

— Mais parce que il subit l'action ! *kiu* remplace « lequel homme » qui subit l'action d'être vu ; donc, *kiun.*

— Pourquoi aussi qu'on met un *n* à « dan-*kon* » (merci) ?

— Ben, voilà ! c'est que il y a « *je vous dis* » ou « *je vous souhaite* » de sous-entendu et pour lors, le mot « danko » est complément.

— Je comprends ! Dis donc, Bourrache, puisque t'es bien tourné, aujourd'hui, on doit-y pouvoir faire beaucoup de mots avec les suffixes ?

— Mais tu en « ponds » tant que tu veux ! ... mon calepin... Ecoute voir : *arbo,* arbre ; *arbaro,* bois ; *arbareto,* bosquet ; *arbetaro,* taillis ; *arbarego,* forêt.

— T'en trouves plus ?

— J' m'en vas encore te dire une bonne chose, Seboule : *ĉiu,* veut dire : tout, chaque, chacun, et au pluriel *ĉiuj* veut dire : tous les, toutes, tous. Pours lors, faudrait pas voir à confondre *ĉiu* avec *tuta,* qui veut dire : *tout* lui aussi, mais dans le sens de « entier ».

— Je note, Bourrache, je note, commande le repos, dis ?

— A r'voir, et surtout pense *pri* le dîner, vu que...

VOCABULAIRE

(La traduction des mots nouveaux formés à l'aide des affixes de la 3e colonne se retrouve en partie dans le thème).

à droite	dekstre	a, mal
à l'instant	ĵus	
alors	tiam	
apprendre	lerni	ejo
au-dessus de	super	
aussi	ankaŭ	
aussitôt, de suite	tuj	
café	kafo	ejo
cependant	tamen	
chacun, tout	ĉiu	
champ	kampo	eto, aro, arano
connaître	koni	
coudre	kudri	istino, ilo, ileto
cuire	kuiri	istino, ejo
devoir	devi	
eau	akvo	
écrire	skribi	
encore	ankoraŭ	
entièrement	tute	a
fabriquer	fabriki	
faire	fari	isto, ejo
feuille	folio	eto, aro
groupe	grupo	ano, anino

herbe	herbo	ejo
horloge	horloĝo	isto, ejo
ici	tie ĉi	
imprimer	presi	isto, ejo
jusqu'à	ĝis	
là	tie	
même (adverbe)	eĉ	
milieu	mezo	
mot	vorto	eto, aro
où	kie	
pas du tout	tute ne	
peigner	kombi	isto, ilo
permettre	permesi	
personne	persono	
plein	plena	mal-a
porte	pordo	
prier	preĝi	ejo
quand	kiam	
regarder	rigardi	
rue	strato	eto
savoir	scii	
scier	segi	isto, ilo, ileto
seulement, ne... que	nur	
soi	si	
souvent	ofte	mal
table	tablo	eto
venir	veni	
voilà	jen	
voici	jen estas	

VERSION

Kial vi rigardas tiel tiun virinon, kiam ŝi venas al mi? Mi ne povas trovi la necesan tempon. Vi amas ŝin, sed ĉu ŝi amas vin? Diru al mi la nomon de la persono, kiu estas apud vi. Kie vi vidis lin? Kion vi deziras? Mia amiko perdis (perdit) sian libron kaj li serĉas ĝin tie, kie ĝi ne estas. Tiu viro amas siajn infanojn multe; li eĉ tro amas ilin, ĉar li trovas bona ĉion (tout), kion ili faras (font). Ĉu mi povas diri kelkajn vortojn al li? Donu al mi mian ĉapelon, donu al ŝi ŝian libron kaj al li lian krajonon.

THEME

Ecrivez de suite que nous irons voir l'école quand notre ami sera à (sur) la campagne. Est-ce que votre cuisinière va à l'horlogerie ? Non, très rarement. Voilà mon imprimeur qui va au café, à gauche. Ce campagnard que (lequel) vous regardez, sera l'époux de ma couturière. A qui (kies) est cette petite scie ? Elle est à moi (ĝi estas mia). Votre amie n'a pas du tout trouvé (tute ne trovis) la petite aiguille qu'elle (laquelle elle, kiun ŝi) a perdu dans la prairie. Marie est venue à l'instant avec son (sia) frère et ils sont allés (ili iris) voir la fabrique. Voyez le feuillage de cet arbre !

PHRASES ET LOCUTIONS USUELLES

— Mi aŭdas vin tre bone.
Je vous entends très bien.

— Ĉu vi vidas la balonon?
Voyez-vous le ballon ?

— Mi ĝin vidas!
Je le vois !

— Pri kio li parolas?
De quoi parle-t-il ?

— Ne, vere, mi ne povas akcepti.
Non, vraiment, je ne puis accepter.

— Estas neeble al mi!
Cela m'est impossible !

— Ne hodiaŭ.
Pas aujourd'hui.

— Konsentite!
C'est entendu.

— Vi estas prava, malprava.
Vous avez raison, tort.

— Jen bela vetero, iom varma.
Voilà du beau temps, un peu chaud.

— Kioma horo estas?
Quelle heure est-il ?

— Baldaŭ la dua (horo).
Bientôt deux heures.

— Kiel vi volos!
Comme vous voudrez !

CINQUIÈME TABLEAU

En français, nous disons : *Marie cause avec Paul et sa mère.* Comment comprendre la phrase ? Marie cause-t-elle avec sa mère (à elle, Marie) ou avec la mère à lui, Paul ? De là une règle très logique en Esperanto :

ADJECTIF REFLECHI : quand nous écrivons : *Je parle avec Paul et sa mère,* logiquement, Paul étant *possesseur masculin,* ne devrions-nous pas dire : Je parle avec Paul et *son* (*lia*) mère ?

Autre exemple : *Je cause avec Jeanne et son mari.* Jeanne étant *possesseur féminin,* pourquoi ne pas dire : Je cause avec Jeanne et *sa* (*ŝia*) *mari?*

De même encore :

Son père (à lui), *son père* (à elle) *courent.*
Lia patro, ŝia patro kuras.

Son maître (au chien) *dort.*
Ĝia (*neutre*) mastro dormas.

De cette façon, on reconnait de suite le possesseur.

D'autre part, nous avons vu que l'adjectif réfléchi *son, sa* (à soi) se traduit par *sia.* En employant *sia* chaque fois que l'objet qu'il représente *appartient au sujet,* on peut éviter toute amphibologie.

Ex. : *Mon père a trouvé son livre.*
Mia patro trovis *sian* libron.
(le livre appartient à mon père, sujet, donc *sia*).
Marie cause avec Paul et sa mère (à Marie).
Mario parolas kun Paùlo kaj *sia* patrino.
(*sia*, car en ce cas, c'est la mère de Marie, *sujet*).
Mario parolas kun Paùlo kaj *lia* patrino.
(*lia*, car maintenant, la mère appartient à Paul, *masculin, qui n'est pas sujet*).

Remarque : Ne jamais mettre *sia* sujet.
Son père (à lui) *cause avec son oncle* (à elle).
Lia patro parolas kun *ŝia* onklo.

Mots composés : en Esperanto (comme en allemand), on forme des mots composés par l'accolement de deux mots. Contrairement au français, le mot *principal* s'écrit toujours le dernier et on place *devant lui* le qualificatif.

Ex. : ter-pomo, *terpomo,* pomme de terre ; en-iri, *eniri,* entrer ; *marbordo,* bord de la mer.

Préfixe : *ek,* début de l'action, acte momentané.

Ex. : vidi, voir ; ekvidi, apercevoir.

Suffixes : *ad,* indique l'action prolongée.

Ex. : parolo, parole ; parolado, discours.

ul, indique l'être caractérisé par...

Ex. : juna, jeune; junulo, jeune homme; feliĉa, heureux; feliĉulo, un heureux.

SIBOULE « SE TORD »

— Suffit ! çà suffit, que j' te dis ! Faudrait pas voir à trop rire devant son supérieur, et avoir envers lui quasiment une pose « irrévérencieuse » !

— C'est plus fort que moi, Bourrache, quand je pense à l'équipée que j'ai vu l'autre jour et même que j' vais t' la raconter.

— Çà suffit ! j'ai ma suffisance de science, je pense ?... Ou plutôt, vu que ce n' sera pas la même chose, tu me diras çà en esperanto!

— Oh ! j' pourrai pas !

— Suffit ! faudra voir à pouvoir ! **Vu que** tu es au point le plus difficile de la langue, tu m'en vas traduire alors tous les pronoms et adjectifs possessifs que tu trouveras et que si tu as quasiment l'air de tirer au flanc, je verrai voir à « t'affliger » 2 jours qui f'ront p't'être des petits !

— Ah !... Ben, contre la fortune bon cœur, allons-y : Figure-toi qu' j'ai-z-été à une noce, mardi, et qu' nous avons été à Robinson. Alors, le marié a voulu jouer un tour à sa...

— J' le colle 1 jour... Traduis *sa* et essplique !

— ... à *sia* (sia parce que la chose dont je vais parler appartient au marié, *sujet*). Alors, il voulait attraper *sian* belle-mère et il cherchait le moyen dans *sia* tête (sia car c'était sa tête à soi, sujet). *Li* a proposé de se promener sur les ânes, censément comme à cheval et tout le monde a bien voulu accepter. Alors, figure-toi que *li* a choisi, pour *sia* belle-mère un âne, très fougueux, vu que quand *li* a voulu mettre *sian* main sur *ĝia* (à l'âne) tête pour le caresser, l'âne a r'sauté. Alors, tu n' sais pas ce que *li* a fait? *Li* a mis de la poudre noire dans le poil de *ĝia* (à l'âne) cou et *li* a présenté *ĝin* à *sia* (à lui, marié, sujet) belle-mère. *Ŝi* a mis *siajn* (à elle sujet) bras autour de *lia* (au marié, pas sujet) cou et *li* a posé *ŝin* dessus *ĝi* (l'âne). Oh ! la ! la ! alors, *ĝi* s'est mis à caracoler tellement que *ŝi* a passé vivement *siajn* (à elle, sujet) bras autour de *ĝia* cou et en embrassant *ĝin* (l'âne) pour se tenir. *Li* (le marié), se tordait parce que le noir dessinait censément une paire de moustaches sur *ŝia* figure. Et ça continuait, même que *ĝi* est parti à fond de train, pendant que *ĝia* cavalière envoyait des « invectives » à *sia* gendre et que tous les spectateurs riaient en voyant *ŝian* figure et même que *ĝi* (l'âne), avait l'air de se réjouir censément de *ilia* gaieté. C'était « poilant » ! Même qu'une des personnes...

— Arrête ! Tu vois d'abord qu'il faut toujours mettre *sia, sian, siaj, etc...* quand çà appartient au sujet. Maintenant comment que tu traduirais « *une des personnes* » ?

— *Unu el la personoj.*

— C'est très bien, Seboule, *el* entre, c'est çà.

— Où qu' j'en étais ? qu'est-ce que je viens de dire ?

— J' te l' dirai après : dis-moi « *quoi-t'-est-ce que j' viens d' dire* » en esperanto.

— Oh ! j'en ai assez !

— J' te colle un autre jour ; j' t'en devais deux, nous sommes quittes : il faut dire « *Kion mi ĵus diris* » ?

— *ĵus*, à l'instant.

— Tu l' vois, maintenant, c'est pas trop tôt ! Et cette phrase-là : *Je vais le dire,* se dit : *mi diros ĝin tuj* (aussitôt)... Çà suffit pour aujourd'hui. Rompez !

VOCABULAIRE

(La traduction des mots nouveaux formés à l'aide des affixes de la. 3e colonne se retrouve en partie dans le thème).

adieu	adiaŭ	
antique	antikva	ulo, ulino
antant, tant	tiom	
aveugle	blinda	ulo, ulino
babiller	babili	o, adi, adulo
balayer	balai	ilo, ileto, istino
banc	benko	eto
certain	certa	e
chanter	kanti	ek-i, isto, istino
cher	kara	ulo, uleto, ulino
combien	kiom	
côté	flanko	
couper	tranĉi	ileto
craindre	timi	o, ulo
crier	krii	o, ek-i, igi
divers	diversa	
drogue	drogo	isto, istino, ejo
entre, parmi	inter	
entre	el	
finir	fini	o, a e
franc	franko	

hacher	haki	ilo, ileto
heureux	feliĉa	mal-a ulo, mal-ulo
honnête	honesta	mal-a, mal-ulino
idée	ideo	
laisser	lasi	
lampe	lampo	eto, isto
lettre (missive)	letero	
mettre	meti	
neveu	nevo	ino, ineto
noir	nigra	ulo, ulino
pendant	dum	
penser	pensi	adi
personne	neniu	
pleurer	plori	ek-i, eti, adi
proche	proksima	mal-a
rien	nenio	
sans	sen	
sauter	salti	ek-i
sec	seka	mal-a
souvenir (se)	memori	o
tôt	frue	mal
tout	ĉio	
village	vilaĝo	eto, ano, anineto
vivre	vivi	o, adi
lundi	lundo	
mardi	mardo	
mercredi	merkredo	
jeudi	ĵaŭdo	
vendredi	vendredo	
samedi	sabato	
dimanche	dimanĉo	

VERSION

Ĉiu por si mem. Ĉiu havas sian penson. Li prenis sur sin la tutan direkton (*direction*) de la afero. Kiam li parolas, neniu povas antaŭvidi (*prévoir*) la momenton, kiam li finos. La feliĉuloj ricevas sian nomon, pro la feliĉo, kiun ili havas. Lasu al tiu ĉi viro lian leteron. Sinjoro Petro tre amas miajn infanojn; mi ankaŭ tre amas liajn infanojn. Kiu kantadas de (*depuis*) la mateno ĝis la tagmezo? Vi ankoraŭ! ekkriis li, tuj kiam li ekvidis min. La knabo perdis sian preĝolibron; mi montris al la infano, kie estas ĝia preĝolibro. Ŝia villaĝo estas tre belega.

THEME

L'ancien (homme) est un aveugle. Cette balayeuse est une malhonnête. Le lampiste a été (*iris*) à la droguerie. Est-ce qu'il est certain de cela ? Pourquoi chante-t-il comme un malheureux ? Un de (*el, entre*) mes amis vous dira cela. Ma chérie, voulez-vous (*ĉu*) accepter ce petit couteau que (*kiun*) le nègre vient de (*ĵus*) me donner? Personne (ne) l'a vu ! Pendant son séjour (*restado*), il écrivait très tard et il laissait souvent son papier à lettre (*leterpapero*) sur la table. Est-ce que le pays de cette chanteuse est loin d'ici ? Sans vous, Mr., je n'aurais rien.

PHRASES ET LOCUTIONS USUELLES

— De kiom da tempo vi lernas Esperanton?
Depuis combien de temps apprenez-vous l'Esperanto.

— Ĉu vi ĉeestas la kurson regule?
Assistez-vous au cours régulièrement?

— Jes, onklino, ĉiun merkredon.
Oui, tante, tous les mercredis.

— Vi estas tro afabla.
Vous êtes trop aimable.

— Kion vi diras?
Que dites-vous?

— Dankon, vi estas ĝentila.
Merci, vous êtes gentil.

— Ĉu vi aŭdas min?
M'entendez-vous?

— Ĉu vi aŭskultas min?
M'écoutez-vous?

— Kio estas tio?
Qu'est-ce que cela?

— Kion vi volas diri?
Qu'est-ce que vous voulez dire?

— Ĉu vi ne parolas angle?
Ne parlez-vous pas anglais?

— Ne multe.
Pas beaucoup.

— Mi bonvolas.
Je veux bien.

SIXIÈME TABLEAU

Nombres : *Nul*, 0 ; *unu*, 1 ; *du*, 2 ; *tri*, 3 ; *kvar*, 4 ; *kvin*, 5 ; *ses*, 6 ; *sep*, 7 ; *ok*, 8 ; *naù*, 9 ; *dek*, 10 ; *cent*, 100 ; *mil*, 1.000 ; *miliono*, 1.000.000.

Après *dek*, viennent dek-unu, 11 (dix et un) ; dek-du, 12 (dix et deux), etc... deknaù, 19 ; dudek, 20 (deux fois dix) ; dudek-unu, 21 ; tridek, 30, etc... naùdek, 90 ; kvarcent, 400.

Les noms de nombres sont invariables ; ils ne prennent ni *j* (pluriel), ni *n* (accus.).

En ajoutant à la fin les terminaisons *o*, *a*, *e*, on obtient :

o : unuo, unité ; deko, dizaine ; dekduo, douzaine.

a : dua, second ; dektria, treizième.

e : unue, premièrement ; due, deuxièmement.

Heure : elle s'indique de plusieurs manières :

¼ *d'heure :* kvarono da horo.
½ *heure :* duono da horo.
4 *heures :* estas la kvara (horo).
10 *heures* ½ : estas la deka kaj duono.
estas duono post la deka.
1 *heure* ¼ : estas kvarono post la unua.
estas la unua kaj kvarono.
6 heures moins 10 : estas dek minutoj antaŭ la sesa.
estas kvindek minutoj de l' sesa.
A 6 h. ½ : je duono post la sesa.
A quelle heure ? je kioma horo ?
Quelle heure est-il ? Kioma horo estas ?

Accusatif de direction : nous avons vu l'*n* au complément direct.

On l'ajoute aussi aux mots ne répondant pas à « *qui, quoi* », et qui annoncent un mouvement vers un but. (quand ils répondent à *où*).

— *Mi iras Parizon.* Je vais où ? à Paris.

— *La infano kuras sub la arbo.* (pas d'*n* à arbo, car l'enfant étant sous l'arbre, s'y amusant, il n'y a pas d'indication de but).

Mais : *la infano kuras sub la arbon.* (avec un *n*, car il n'était pas sous l'arbre, il y va).

On ne met jamais l'*n* après *al* et *ĝis*.

Remarques : *je*, préposition à sens indéterminé s'emploie quand on ne trouve pas de préposition convenable. ***Je la 3-a*, à 3 *heures*.**

da, traduit *de* après les noms de mesure, quantité. ***Botelo da vino*, une bouteille de vin.**

à se traduit par *al* dans le sens de *vers*, par *ĉe* dans le sens de *auprès de*, par *en* dans le sens de *dans* et par *je* pour l'heure.

Préfixe : *re*, indique la répétition, retour, veni, venir ; reveni, revenir.

Suffixes : *em*, marque le penchant, l'habitude.

labori, travailler ; laborema, travailleur.

ig, signifie faire, rendre.

Ex. : porti, porter ; portigi, faire porter.

iĝ, signifie se faire, devenir.

Ex. : riĉa, riche; riĉiĝi, s'enrichir.

SIBOULE APPREND TOUJOURS

— Encore « tri cent okdek du » et la fuite, hein, Bourrache ?

— Et moins qu' çà !

— J'ai encore des renseignements à te d'mander.

— Vas-y, vas-y ! Çà avance-t-il l'Esperanto ?

— Çà va, çà va... Comment qu'il faut dire : « *il y a deux jours, j'ai...* ».

— Ecoute voir parler la théorie : tu diras : « *antaù du tagoj* », vu que on emploie *antaù* pour traduire l'expression française « *il y a* » dans les phrases comme celle que tu viens de m' parler. Pour dire « *dans deux jours, je ferai* », tu diras : « *Post du tagoj, mi faros* ». Ce sera *post* dans ce cas là.

— Bon ! et pour dire « Combien de litres de vin voulez-vous ? »

— Voilà : « *Kiom da litroj da vino vi deziras* (ou *vi volas*) ».

— En voilà des « *da* » !

— Çà t' regarde pas ! Il faut mettre toujours « *da* » après une mesure, quantité, etc... : *litro da vino*, çà veut dire « une quantité de vin égale à un litre, **et « *litro vino*...**

— C'est quand on parle ***de la bouteille* vin.**

— J' vois qu' t'as compris ! J' veux encore voir à t' faire remarquer une bonne chose : comment qu' tu dirais : se fiancer ?

— Dam' ! *fianĉo*, fiancé; donc *fianĉiĝi*, devenir fiancé.

— Oui, et c'est là justement que j' veux te faire une... une remontrance. En français, ***se fiancer*, çà** veut dire quasiment... se fiancer, pour un homme comme pour une femme. Ben ! regarde à voir : en esperanto, c'est plus chic : *fianĉiĝi,* c'est pour l'homme et fianĉiniĝi...

— C'est pour la femme, je vois, parce que il y a le « in » qui est intercalé dans le mot ; çà, c'est pas mal trouvé !

— Maintenant, Seboule, rememore-toi que « *antaŭe* » veut dire « en avant » et « *flanke* » : « de côté ». Pour lors, quoi t'est-ce que çà veut dire « *Antaŭen ! Flanken !* », avec l'*n* ?

— ...

— Ben, voyons, c'est-y que tu redeviens abruti ? Si je dis « Mi metas mian manon sur la tablon » l'*n* à table çà indique le but, vu que je mets ma main ousqu'elle était pas auparavant. Pour lors « antaŭen, flanken ! »

c'est tout quasiment comme quand je te dépose le commandement « En avant ! » « Tournez-vous de côté ! » et que tu bouges vers un but.

— Oui, oui, dans ce cas, l'*n* indique que il y a mouvement. Alors, censément aussi qu'on peut dire « **Kien vi iras? — Mi iras** ien » pour indiquer le but.

— Très bien, Seboule, très bien ! Seulement, prononce bien « *Ien* » avec l'accent tonique pour faire voir la différence avec « *jen* ». Et puis, aussi, note bien qu'on ne met jamais l'*n* de direction après *al* et *ĝis* qui indiquent suffisamment...

— Je note çà. Comment qu'il faudrait traduire « J'irai passer 3 jours là-bas. »

— Tu diras : Mi iros pasigi tri tagojn tien » (*n* à *tie*, parce qu'on y est pas). Passer, dans ce cas-là, çà se dit toujours : « *pasigi* ».

— Ah ! et sur le *ig*, quoi que tu pourrais me dire ?

— Attends voir que j' me renseigne sur mon calepin : *ig*, ajouté à un infinitif signifie *faire*..., et *ig*, ajouté à un adjectif, çà signifie *rendre*... ». Prends-en d' la graine !

— Çà y est ! Dis donc, maintenant, *pro* ta bonne humeur, j' t'emmène avec moi, pas vrai ?

VOCABULAIRE

(La traduction des mots nouveaux formés à l'aide des affixes de la 3e colonne se retrouve en partie dans le thème).

agir	agi	o, ado, ema
à raison de	po	
acheter	aĉeti	istino
assis (être)	sidi	igi, iĝi
bouteille	botelo	eto
calculer	kalkuli	o, adi, re-i, isto
chiffre	cifero	
commencer	komenci	o, re-i
courageux	kuraĝa	igi, iĝi
couché (être couché)	kuŝi	o, igi, iĝi
croire	kredi	ema, emulo
de (après mesure)	da	
debout (être)	stari	igi, iĝi
devenir	fariĝi	re-i
dormir	dormi	eti, ado, igi, ema
exercer	ekzerci	iĝi
faire	fari	re-i
fenêtre	fenestro	eto
fort	forta	e, ulo, mal-a
gros	dika	mal-a, ulino, iĝi
jamais	neniam	
mentir	mensogi	ema, ulo, emulo
nombre	nombro	

nouveau, neuf	nova	mal-a, re-iĝi
prendre	preni	re-i
porter	porti	igi
propre	pura	e, igi, igado
quelque chose	io	
quelqu'un	iu	
riche	riĉa	e, ulo, ulino
rompre	rompi	iĝi
toujours	ĉiam	
travailler	labori	o, isto, istino, ejo
venir	veni	re-i
vêtir	vesti	iĝi, sen-iĝi
seconde (heure)	sekundo	
minute	minuto	
semaine	semajno	
mois	monato	
année	jaro	
janvier	januaro	
février	februaro	
mars	marto	
avril	aprilo	
mai	majo	
juin	junio	
juillet	julio	
août	aŭgusto	
semptembre	septembro	
octobre	oktobro	
novembre	novembro	
décembre	decembro	

VERSION

Se vi volas, vi sendos al mi tri aŭ kvar el viaj katoj. Ĉiu societano pagas kotizaĵon (*cotisation*) po kvin frankoj. Dekdua horo sonis. Vi kiom havas da jaroj? Li promesis reveni je la oka horo. La birdo saltis sur lin. Kien li iras? Virinaj larmoj baldaŭ sekiĝas. Sidiĝu ilin kaj vi stariĝu. Kredu al neniu el ili. En la jaro mila la homoj kredis, ke la mondo tuj finiĝos. Donu plenan botelon da vino. Permesu diri al vi kelke da vortoj. Sciigu tion al ŝi. Li naskiĝis en la jaro mil okcent sep deka. Kioma horo post noktomezo nun estas. Junio estas la sesa monato.

THEME

Mon comptable est très actif, il fait toujours quelque chose. Encouragez-le à recommencer son calcul. Faites porter et faites nettoyer cet habit. Il s'habille seulement après le déjeuner. Le voilà qui (jen li, kiu) se déshabille. Cet ouvrier n'est pas fort du tout. C'est (li estas) aussi un crédule. On me dit que c'est un menteur. Il s'est exercé et regardez, le voilà qui saute à la lucarne. Cette action ne s'est jamais renouvelée. Cette grosse femme à quelque chose à vous dire. Comment ce richard est-il ici ? On dit qu'il est devenu très malheureux.

PHRASES ET LOCUTIONS USUELLES

— Kiel vi nomas tion?
Comment appelez-vous cela?
— Kion tio ĉi volas diri?
Qu'est-ce que ceci veut dire?
— Ĉu vi bone dormis?
Avez-vous bien dormi?
— Donu al mi iom da akvo.
Donnez-moi un peu d'eau.
— Ĉu la matenmanĝo estas preta?
Est-ce que le déjeuner est prêt?
— Mankas al ni glasoj.
Il nous manque des verres.
— Johano, kie vi estas?
Jean, où êtes-vous?
— Jen mi!
Me voilà!
— Mi vetas, ke estas li!
Je parie que c'est lui!
— Ne tro rapidu!
Ne vous dépêchez pas trop!
— Kiam vi komencos la lecionon?
Quand commencerez-vous la leçon?
— Kial vi vojaĝas?
Pourquoi voyagez-vous?
— Ni alproksimiĝas.
Nous approchons.

SEPTIÈME TABLEAU

Participes : Bien retenir, en employant comme des *suffixes* :

int, qui a fait, ayant fait l'action de...
ant, qui fait, faisant l'action de...
ont, qui fera, devant faire l'action de...
(1er cas, passé; 2e cas, présent; 3e cas, futur).

Les temps composés (participes) sont peu employés : les temps simples (mi amas, vi kantos) suffisant presque toujours. Cependant, il est des cas où ils sont indispensables.

Il existe, en Esperanto, deux classes de participes : ceux dont le sujet *fait l'action* (voix active) et ceux où il *subit l'action* (voix passive).

Les deux auxiliaires français *avoir, être, se traduisent par le seul auxiliaire esperanto esti* (être), qui se conjugue comme tous les autres verbes : *mi estas*, je suis ; *li estis*, il était ; *vi estos*, vous serez.

Voix Active : (*int, ant, ont*) : Ex. de formation :

ami, aimer	amonta, devant aimer. aminta, ayant aimé. amanta, aimant.
trinki, boire	trinkanta, buvant. trinkinta, ayant bu. trinkonta, devant boire.

Ce sont là les principes fondamentaux.

mi estas amanta, *j'aime*, je suis aimant.

li estas amanta, *il aime*, il est aimant.

ni estas amantaj, *nous aimons*, nous sommes aimant.

mi estis amanta, *j'aimais*, j'étais aimant.

ili estis amantaj, *ils aimaient*, ils étaient aimant.

mi estos amanta, *j'aimerai*, je serai aimant.

ni estos amantaj, *nous aimerons*, nous serons aimant.

mi estus amanta, *j'aimerais*, je serais aimant.

ni estus amantaj, *nous aimerions*, nous serions aimant.

estu amanta, *aimez*, soyez aimant.

ni estu amantaj, *aimons*, soyons aimant.

mi estas aminta, *j'ai aimé*, je suis ayant aimé.

mi estas amonta, *j'aimerai*, je suis devant aimer.

mi estis aminta, *j'avais aimé,* j'étais ayant aimé.

mi estis amonta, *j'allais aimer, je devais aimer,* j'étais devant aimer.

mi estos aminta, *j'aurai aimé,* je serai ayant aimé.

mi estos amonta, *je devrai aimer, j'aimerai,* je serai devant aimer.

mi estus aminta, *j'aurais aimé,* je serais ayant aimé.

mi estus amonta, *j'aimerais,* je serais devant aimer.

Préfixe : *dis,* indique la séparation, la dispersion.

ĵeti, jeter; disĵeti, éparpiller.

Suffixes : *ebl,* indique la possibilité.

legi, lire ; legebla, lisible.

ind, signifie digne d'être...

vidi, voir ; vidinda, digne d'être vu.

BOURRACHE A LA CANTINE

— A la tienne, Seboule.
— A la tienne, Bourrache.
— Pour lors, ousque t'en es ?
— Oh ! Les participes, les participes ! Pourquoi qu'on en met comme çà dans les langues ?
— C'est utile, Seboule ! Pour traduire des choses qu'on n' peut pas dire avec les temps simples (is, as, os, us). Et puis, d'abord, les participes, v'là c' que c'est ; tu connais-z-à présent les temps simples, pas ? Comment que tu dirais « *demain il aimera* » ?
— « Morgaù li amos ».
— Bien ! Et puis : « *demain, il aura aimé* » ?
— ...
— Tu vois par là que j' t'ai fait une réflexion juste tout-à-l'heure. Pour lors, quand je dis « *l'eau bouillante* », çà veut dire « l'eau qui bout », *faisant l'action* de bouillir. On ne pourrait pas dire « la akvo *bola* », mais « la akvo *bolanta*, quasiment tout comme en français !...
— Je commence à saisir.
— N' saisis rien avant la fin de ma... çà

suffit ! Pour lors, si le mot partecipe te fait mal, tu n'as qu'à employer çà comme un suffixe : *int'* ayant fait l'action de...
ant', faisant l'action de...
ont', devant faire l'action de...

Et puis, j' m'en vas t' dire une bonne chose comme exemple : *trinki*, çà veut dire boire, pas ? Pour lors, regarde-moi, je mets le verre à mes lèvres. Et ben ! pendant que je bois, je pourrais dire : *Mi estas trinkanta*, je suis buvant, faisant l'action de boire. Maintenant qu' j'ai bu, *Mi estas trinkinta*, ayant fait l'action (int') de boire. Et puis, vu que je vais reboire si qu' t'en payes un autre : *Mi estas trinkonta*, devant faire l'action (ont') de boire... Çà t' vient-y ?

— Censément...

— V'là la même chose : tu paies maintenant : *Ci estas paganta* ; t'as fini ? donc : « *Ci estas paginta* ».

— Mais j' pourrais-t-y pas dire : mi trinkas, mi trinkis, trinkos ?

— Mais je te re-redis que si ! Seulement, pour préciser, on emploie souvent les partecipes : *J'étais en train de manger quand il est venu*, çà se dira : (naturellement, « en train de » est un idiotisme qu'on ne cherche pas à traduire mot à mot) çà se dira donc : *Mi estis manĝanta* (j'étais mangeant (*kiam li venis* ».

— Oui, oui, et pour la phrase de tout-à-l'heure ?

— « *Demain j'aurai aimé* » (je serai ayant « int' » aimé). Donc « *Morgaŭ mi estos aminta* ». Remarque bien, Seboule, qu'on se sert toujours du verbe « être » comme auxiliaire et jamais du verbe « avoir ». Ne vas jamais dire comme disait ton copain Paul les premiers temps « Mi havas manĝi » au lieu de *Mi estas manĝinta* » ou « *Mi manĝis* ».

— J'y ferai attention !

— Ne confonds pas non plus le *int'* (participe) avec le suffixe « *ind* », qui segnifie « *digne de* ». Ainsi « ce livre vaut la peine d'être lu » çà se dit « *Tiu libro estas leginda* »...

— Et « Je suis allé voir » ?

— Tu diras « *Mi iris por vidi* » ou « *Mi estas irinta por vidi* »...

Passe-moi ton tabac fin !

VOCABULAIRE

(La traduction des mots nouveaux formés à l'aide des affixes de la 3e colonne se retrouve en partie dans le thème).

à peine	apenaŭ	
accepter	akcepti	o, ebla
admirer	admiri	inda, eginda
affaire	afero	
attendre	atendi	o
au-delà de	trans	
au lieu de	anstataŭ	
au moins	almenaŭ	
avis(être d')	opinii	o
besoin (avoir)	bezoni	
boire	trinki	adi, ejo, ema, emulo
chaque (espèce)	ĉia	
comprendre	kompreni	ebla, ne-ebla
contre, en face	kontraŭ	
couler	flui	o
coup de feu	pafo	ilo, ileto, ilego, isto
digne (de)	inda (je)	mal-a
donc	do	
donner	doni	dis-i
eh bien	nu!	
erreur (faire)	erari	o, igi
espérer	esperi	o, mal-i, egi
exemple	ekzemplo	eto

exprimer	esprimi	o, ebla
fleur	floro	eto, i
fou (adjectif)	freneza	ulo, ulino, ulejo
gai	gaja	iĝi, mal-a
gagner	gajni	o, re-i
he!	he!	
hélas!	ve!	
honorer	honori	inda, mal-inda
libre	libera	mal-a, mal-ejo
lieu (avoir)	okazi	o
lire	legi	ema, inda, emulo
manger	manĝi	ema, inda, o, ado
ni... ni	nek... nek	
nulle part	nenie	
oh!	ho!	
possible	ebla	mal-a
préférer	preferi	inda, o
presque	preskaŭ	
que (comparaison)	ol	
quel (espèce)	kia	
récompenser	rekompenci	inda
rire	ridi	o, ema, emulo, eto
semer	semi	dis-i, isto, istino
surtout	precipe	
verre (matière)	vitro	
verre (à boire)	glaso	eto
vive!	vivu!	
voir	vidi	inda
voix	voĉo	

VERSION

Malfeliĉo povas okazi. Mi estas vidinta vin. Ŝi vidis la patron dormantan. La akvo fluanta estas por la homo kaj la bestoj necesa afero. Homo mensoganta kaj homo mensoginta meritas saman riproĉon. Ĉiuj personoj legantaj iun libron ne havas pri ĝi la saman opinion. Ĉu li estas fininta sian laboron? Kiam li eniris (*entra*) mi estis manĝanta. Ho junulo, malbone aginta, mi pardonas vian faron. Ĉu morgaŭ vi estos gajninta monon? Kiu bezonas tiun aferon? Kial li ĉiam iras al la trinkejo? Se mi estus sciinta, ke tiu lando estas tiel (si) **bela**, certe mi estus irinta.

THEME

Est-ce que tout est prêt ? Cet exemple **est** admirable ! Ce livre est lisible, mais, cependant, il ne vaut pas la peine d'être lu ; celui-ci est préférable. Ne croyez-vous pas que cette action est digne d'être récompensée? Ce prisonnier a tout l'air (*ŝajnas esti*) d'un fou; menez (*konduku*) -le à l'asile. Ces belles fleurettes, ce semeur chantant, voilà de quoi (*jen io por*) s'égayer ! Pourquoi êtes-vous si triste, vous est-il arrivé quelque chose (*ĉu io okazis al vi*)? Comment ! vous êtes si gourmand ? Quand vous aurez distribué les petits fusils, vous ferez boire un peu de vin aux enfants.

PHRASES ET LOCUTIONS USUELLES

— Mi estas tre laca, kaj vi?
Je suis très fatigué, et vous ?
— Tute ne!
Pas du tout !
— Je la tria, ni foriros!
A trois heures, nous nous en irons !
— Kion vi pensas pri ĝi?
Qu'en pensez-vous ?
— Mi estas certa pri ĝi.
J'en suis certain.
— Eble, mi dubas.
Peut-être, je doute.
— Mi ne scias.
Je ne sais pas.
— Mi kredas, ke vi eraras.
Je crois que vous vous trompez.
— Ĉu vi deziras ion?
Désirez-vous quelque chose ?
— Kia estas via nomo, mi petas vin.
Quel est votre nom, s'il vous plaît.
— Kiom kostas tiu ĉi objekto?
Combien coûte cet objet-ci ?
— Kien vi iras?
Où allez-vous ?
— Ĉu vi scias ŝian (lian, ĝian) nomon?
Savez-vous son nom ?

HUITIÈME TABLEAU

VOIX PASSIVE :
it, qui a subi, ayant subi l'action de...
at, qui subit, subissant l'action de...
ot, qui subira, devant subir l'action de...
(1er cas, passé; 2e cas, présent; 3e cas, futur).

On emploie un participe, voix passive, lorsque le sujet subit l'action.

Le passif se forme à l'aide du verbe *esti* (être, seul auxiliaire), auquel on ajoute **le** participe passif convenable.

trinki boire. { trinkota, *devant être bu.* trinkata, *étant bu* (actuellement). trinkita, *ayant été bu.* }

aimer *ami.* { amita, *ayant été aimé.* amota, *devant être aimé.* amata, *étant aimé* (actuellement). }

Le participe passif se termine en *ita* pour marquer un *fait accompli* et en *ata* pour marquer que le fait est *en train de s'accomplir, de devenir accompli.*

Ex. : la pordo estas ferm*ita* ; la porte est fermée (*elle l'est*). La pordo estas ferm*ata* (*on la ferme*).

Le participe passif, de même que le participe actif, s'accorde avec le sujet, tout comme un adjectif.

mi estas amata, *je suis aimé* (on m'aime).
li estas amata, *il est aimé* (on l'aime).
ni estis amataj, *nous étions aimés.*
ili estos amataj, *ils seront aimés.*
mi estus amata, *je serais aimé* (on m'aimerait).
estu amata, *soyez aimé* (qu'on vous aime).
mi estas amita, *j'ai été aimé* (on m'a aimé).
mi estas amota, *je serai aimé* (on m'aimera).
mi estis amita, *j'avais été aimé.*
mi estis amota, *j'allais être aimé.*
mi estos amita, *je serai aimé* (on m'aura aimé).
mi estos amota, *je serai devant être aimé.*
mi estus amita, *je serais aimé* (ayant été aimé).
mi estus amota, *je serais aimé* (devant être aimé).

Remarque : Les prépositions *par, de,* qui suivent un participe passif se traduisent par *de* si elles signifient « par », et par *per* si elles signifient « au moyen de ».

Ex. : la seĝo (chaise) estas kovrita *de* la meblisto (ébéniste) *per* ruĝa ŝtofo.

Suffixes : *ing,* indique le contenant partiel.
kandelo, chandelle ; kandelingo, chandelier.
uj, indique le contenant total.
salato, salade ; salatujo, saladier.
aĵ, désigne une chose concrète.
altaĵo, *une* hauteur ; balaaĵo, balayure.
ec, marque la qualité abstraite.
alteco, *la* hauteur ; riĉeco, *la* richesse.

SIBOULE VEUT CORRESPONDRE

— Hé ! Bourrache !

— Quoi ?

— Je voudrais censément correspondre en esperanto avec un soldat japonais.

— C'est facile, j' m'en vas t' donner une adresse.

— Si c'est qu' tu voudrais voir aussi la lettre que j'y envoicrai ?

— Oh ! çà oui ! vu que çà doit être cousu de fautes.

Al Sinjoro... en Japanujo.

Kara Sinjoro,

« Mi volus korespondi kun vi. Mi estas
« soldato kaj vi ? Mi tre amas vian landon,
« car mi sciâs ke en ĝi estas multaj kura-
« ĝuloj...

— ...*de nombreux hommes courageux*, çà Seboule, c'est bien d'avoir pas mis d'*n* à « multaj kuraĝuloj » !

— Mais non, parce que je me suis dit que c'était pas complément direct puisqu'avec les verbes être, paraître, sembler, devenir, rester...

— Çà suffit ! Continuons :

« Oni diras ankaŭ al mi, ke estas multaj
« belaĵoj...

— C'est plus que bien, Seboule, on f'ra

quéqu'chose de toi ; tu arriveras, vu que tu traduis bien. Mais, fais toujours comme çà : *aĵ*, çà vient du français... *age* (branchage) tandis que *ec*, çà peut venir de... *esse* (finesse). D'ailleurs, j' m'en vas t' dire une bonne chose pour t'y reconnaître entre les deux : quand tu peux dire « *une...* », c'est *aĵ* qu'il faut mettre : belaĵo, une beauté (tout quasiment *une* belle femme, un bel objet, etc..., quéqu'chose, enfin, que tu peux voir, tandis que si tu ne peux dire que « *la...* », c'est *ec* qu'il faut ajouter : la beleco estas... », *la* beauté est... Tu peux voir *une* beauté et ne peux pas toucher *la* beauté.

— Je saisis : *riĉaĵo* : une richesse, censément un tas d'or qui serait là serait *une riĉaĵo*. Et *riĉeco*, c'est la richesse, la qualité qu'on ne voit pas.

— T'as ben dit, Seboule, t'as ben dit ! Continuons :

« Sendu (envoyez) al mi kartojn, por ke
« mi vidas kiel (comment) Japanujo estas
« farata...

— ...D'abord une grosse faute, Seboule ! Tu as voulu dire « pour que je voie comment le Japon est fait ». Retiens bien que la grammaire veut qu'on mette toujours à l'impératif subjonctif (*u*) le verbe qui suit *por ke*. Pour lors, tu diras « *por ke mi vidu...* ». Maintenant, autre chose : au lieu de « Japanujo », tu pourrais encore dire en formant un mot composé « *Japanlando* », tout quasiment comme tu formes le mot « déjeuner » par *matenmanĝo* ».

— Bon !

— Encore une bonne chose que j' m'en vas te dire : tu as mis « estas farata ». C'est pas çà ! Il faut dire « estas farita », parce que l'action est déjà faite, subie. Tiens, écoute : skribi veut dire écrire, pas ? Pour lors « *cette lettre est écrite* (ou a été écrite), çà se dira « *Tiu letero estas skribita.* Si c'est que tu la récrivais maintenant, ce serait « *Tiu letero estas skribata* » et vu que elle a trop de fautes et que tu vas m' la refaire « *Tiu letero estas skribota* ».

— Oui, Bourrache, compris ! Dis-moi encore, il y avait l'autre jour, sur la baraque de Jean, le dompteur, une petite pancarte « *Jean a été manger* ». Comment qu'on traduirait çà ?

— D'abord, Seboule, en *parlant* cela, ça veut dire deux choses : ou que Jean a été dévoré, ou alors que c'est lui qui est parti pour manger. Pour lors, vu que on doit toujours chercher la logique pour l'Esperanto, moi je dirais « *Johano iris por manĝi* » (est allé pour manger) sans m'occuper d'autre chose. Maintenant, vu que t'en es pour ton champoreau, j' m'en vas t' donner l'adresse japonaise.

VOCABULAIRE

(La traduction des mots nouveaux formés à l'aide des affixes de la 3e colonne se retrouve en partie dans le thème).

air	aero	
avant de	antaŭ ol	
blanc	blanka	iĝi, aĵo, eco
bleu	blua	iĝi, aĵo, eco
bœuf	bovo	ino, aĵo
capable	kapabla	ulo, eco, iĝi
causer, être cause	kaŭzi	
chandelle	kandelo	eto, ingo
cheveu	haro	aro
cigare	cigaro	ujo, ingo, ujeto
cigarette	cigaredo	ujo, ingo, ingeto
clair	klara	e, igi, igebla, igado
comme si c'était	kvazaŭ	
commerce	komerco	ado, a, isto, istino
coupable	kulpa	ulo, ulino, iĝi
coûter	kosti	
couvrir	kovri	ilo, ileto, igi, re-i
dont	kies	
en haut	supre	
encre	inko	ujo, ujeto
étonner (s'	miri	
international	internacia	eco
important	grava	mal-a, aĵo, ega

jaune	flava	eco
hors de	el	
laine	lano	ajo
large	larĝa	mal-a, eco
long	longa	mal-a, ega, eco
montrer	montri	igi, ilo, ileto
mou	mola	mal-a, ajo, igi
mourir	morti	o, ek-i
nation	nacio	a, ano, eco
naturel	natura	e
nom	nomo	igi
obéir	obei	mal-i, ema
œil	okulo	
plume	plumo	ingo
poire	piro	ujo, ujeto
pomme	pomo	ujo, eto
porc	porko	ino, ajo
pour que	por ke	
pouvoir	povi	
quelque (espèce)	ia	
quelque part	ie	
remarquer	rimarki	o, eto, igi
rouge	ruĝa	eco, ajo, ajeto
sage	saĝa	mal-a, eco, ulo
seul	sola	eco, ulino
simple	simpla	ulo, eco
une fois	iam	
utile	utila	mal-a, ega, eco, ajo
venger	venĝi	o, adi, ema, emulo

VERSION

Ĉu ŝi estas amita de siaj infanoj? Tion mi kredas; sed ŝi estas malamita de sia edzo. Tiu ĉi persono estas arestata pro krimo, kiun ŝi estas farinta. Ĉu tiu ĉi glavo estas lavita? Mi estus kontenta, ke oni donu al li ĉion, kion li volos. Kiel vi estas nomata, mia infano? Mi estas nomita Petro, sed nun oni nomas min Johano, eble mi estas nomota per nova alia nomo. Li bone puriĝas ĉion, kio estas vidata, sed li ne pensas pri tio, kio ne estas vidata. La korpo (corps) de la homo estas kovrita per haŭto (peau). La cigaroj estis metitaj en la manoj de la fumemulo.

THÈME

Le coupable veut faire une petite remarque. Ce commerçant, dont vous connaissez la simplicité, se nomme Paul. Nous mangerons premièrement de la viande de bœuf. Je voyais une chose bleue sur votre chevelure. Avez-vous fait remarquer que les couvercles étaient blancs? La clarification de ce vin coûtera très cher. Pourquoi faites-vous rougir cet enfant si obéissant? Où avez-vous mis (vi metis) le porte-plume qui était auprès du chandelier? Quelque part, mais je ne me souviens pas. Est-ce que ce lainage est toujours aussi dur? Voilà un beau fume-cigare!

PHRASES ET LOCUTIONS USUELLES

— Kiel vi nomiĝas?
Comment vous nommez-vous ?

— Kiel oni nomas vin?
Comment vous appelle-t-on ?

— Mi prezentas al vi S-ron...
Je vous présente M...

— Mi havas la honoron vin saluti.
J'ai l'honneur de vous saluer.

— Ĉu vi estas ano de nia Societo?
Etes-vous membre de notre Société ?

— Mi ĝojas, ke mi konatiĝis kun vi.
Je suis enchanté d'avoir fait votre connaissance.

— Estas necese, ke vi parolu.
Il est nécessaire que vous parliez.

— Vi jam eliras!
Vous sortez déjà !

— Ne forgesu miajn bonajn salutojn al S-ro...
N'oubliez pas mes bonnes salutations à M...

— Jam de longe oni ne vidis vin.
Il y a longtemps qu'on ne vous a pas vu !

— Eniru do, m. p. v.
Entrez donc, s. v. p.

— Ĉu vi bone amuziĝis?
Vous êtes-vous bien amusé ?

NEUVIÈME TABLEAU

Verbes Pronominaux : Le verbe pronominal est celui dont le sujet fait et subit l'action ; il se conjugue avec deux pronoms de la même personne. Ex. : Li lavas sin, ni laŭdos nin, ili batas sin.

On traduit ainsi tous les verbes pronominaux français dont le sujet *fait l'action sur lui-même.* Autrement on emploie : *iĝ*, fortiĝi (devenir fort), à moins que le verbe pronominal français ait un correspondant direct en Esperanto :

Ex. : promeni, *se promener* ; mi promenas, *je me promène* ; Ni haltos, *nous nous arrêterons.*

Corrélatifs Usuels :

Tiu, celui ; *kiu,* qui.
Mia filo estas tiu infano, kiu kuras.
Tio, ce, cela ; *kio,* que (qui).
Jen (voilà) tio, kio okazos (aura lieu).
Tiel, ainsi ; *kiel,* comme.
Mi estas tiel granda, kiel mia frato.
Tiom, autant ; *kiom,* combien.
Mi gajnos tiom da mono, kiom vi.
Tie, là ; *kie,* où.
Ni restu tie, kie ni estas.

Tia, tel ; *kia*, quel (que).
La plumo ŝajnas tia, kia estas la modelo.

COMPARATIFS SUPERLATIFS (degrés).

Pli... ol : plus... que.
Ex. : li estas pli juna ol mi.
Malpli... ol : moins... que.
Ex. : vi estas malpli gaja ol ni.
Tiel... kiel : aussi... que.
Ex. : mi estas tiel forta, kiel vi.
La plej... : le (ou la, les) plus...
Ex. : donu la plej necesajn aferojn.
La plej... el : le (ou la, les) plus... de.
Ex. : li estas la plej afabla el ĉiuj.
La malplej... : le (ou la, les) moins...
Ex. : la malplej utila.
La malplej... el : le (ou la, les) moins... de.
Ex. : La malplej agrabla el ĉiuj.
Tre : très ; *Treege* : excessivement.

REMARQUES : plus de... que : *pli da... ol.*
Si... que, tellement... que : *tiel... ke.*
plus... plus... se traduit : *ju pli... des pli.*
Ex. : Ju pli mi laboras, des pli mi gajnas.

PRÉFIXES : *pra*, arrière... (parenté).
praavino, arrière-grand'mère.
ge, ensemble des deux sexes.
gesinjoroj, monsieur et madame.
bo, parenté résultant du mariage.
bofrato, beau-frère ; bopatrino, belle-mère.

SUFFIXE : *id*, marque le descendant.
kokido, poulet; ĉevalido, poulain.

BOURRACHE VEUT FONDER UN GROUPE

— Oui, Seboule, vu que j' m'en vas vous quitter dans queques semaines pour retourner dans mon patelin, je voudrais quasiment vous réunir et vous faire faire un groupe « *La soldataro esperantista* ».

— Y a qu' toi pour avoir des idées comme çà, Bourrache !

— Suffit! Çà suffit! Pour lors, faudrait p't' être voir à demander la permission au colonel...

— Comment t'est-ce qu'on traduirait « *demander la permission* » ?

— *Peti permeson.* Il faut toujours te rappeler que *demandi,* çà veut dire *questionner.*

— J'ai compris !

— Et puis si la demande (la peto) *estos akceptita,* on réunira « *kiel eble plej multe da kamaradoj* »...

— Oui, je vois, « le plus possible de camarades »...

— Pour lors, après, on nommera président « *la plej maljunan...*

— Le plus vieux, le plus ancien, oui, mais *kial* (pourquoi) que tu n' dis pàs « *la pli maljunan* » ?

— ...S'pèce de gourde, j'ai-t-y déjà pas dit que on disait « *la pli...* » seulement quand on comparait deux choses, et vu que il y a plusieurs camarades, j' suis ben forcé de dire « *la plej* ». Je continue : *la plej maljunan el la kamaradoj.* Faudra pas voir à choisir *iun, kiu* (quelqu'un, qui — pas d'*n* à qui, *sujet*) est de la classe comme moi. Et même, mon vieux Seboule, vu qu' toi t'es un peu « dessalé... ».

— Merci, *mia reĝido* (prince).

— Oh ! mais non ! J'aime mieux que tu dises *princo,* vu que je suis pas fils de roi. Et puis, note çà comme tu y es, qu'il y a deux sortes de princes : les fils de roi, et alors les... gens qui reçoivent le titre sans être fils de roi. Tu vois qu'en Esperanto on les reconnait tout de suite ?

— Oui.... Mais, tu sais, j' veux pas-t-être président.., *Kiom da kamaradojn...* ?

— Oh ! là ! là ! ferme... Combien de camarades... ? que tu demandes. Mais, jamais plus ne mets d'*n* après une préposition *da, de* !... Moi j' t'ai jamais dit qu'il fallait faire comme çà. Il faut dire...

— Je vois : « *Kiom da kamaradoj* » qui viendront, que tu penses ?

— Peut-être une vingtaine.

— Alors on discutera la chose... Hé ! dis, tu n' sais pas ce que « *mi min diras* ? »

— *Mi min diras* (je me dis) ? Non, mais moi, cap'ral Bourrache, je t' dis que tu es une moule, vu que t'as pas le droit de mettre *n* à mi dans ce cas là !

— Mais...

— J' te dis que non ! Çà suffit ! Si tu dis *min*, çà veut dire que c'est toi qui subit l'action d'être dit. Tu peux te dire quelque chose (ion) *à toi*, mais tu n' peux pas te dire « *toi-même* ». Il faut dire « *Mi diras al mi* »...

— J' m'en vas, Bourrache, et j' vais parler pour la chose aux copains...

VOCABULAIRE

(La traduction des mots nouveaux formés à l'aide des affixes de la 3e colonne se retrouve en partie dans le thème).

à condition que	kondiĉe **ke**	
aigle	aglo	ino, ido, idino
âme	animo	
amuser	amuzi	iĝi, ilo, ileto
arrêter (s')	halti	
assez (de)	sufiĉe (da)	
attendre	atendi	re-i
attentif (être)	atenti	igi
baigner	bani	ejo, iĝi, isto
bientôt	baldaŭ	
bruit (faire du)	brui	o, eto, ego, egi
chez, à	ĉe	
comment	kiel	
crayon	krajono	eto
croître	kreski	aĵo, eco
demander (question)	demandi	o, eto, aro, areto
demander (prière)	peti	o, ego, egi
de nouveau	denove	
de plus en plus	pli kaj pli	
doigt	fingro	eto
durer	daŭri	adi, igi, igo
écrire	skribi	inda, isto, aĵo

estimer	estimi	inda, mal-i
fiër (se)	fidi	inda
fois	fojo	
grand'père	avo	pra-o, ge-oj
habile	lerta	mal-a, ega, eco
simple	simpla	e, eco, mal-a
Israel	Israelo	ido, a, ida
le plus... possible	kiel eble plej	
louer (louange)	laŭdi	o, egi
maître (patron)	mastro	idi, idino, ge-oj
malgré	malgraŭ	
mouvement (être en)	movi	iĝi, adi, igi
partout	ĉie	
perdre	perdi	
petit-fils	nepo	ge-oj
pourquoi	kial	
pousser	puŝi	adi, ebla
prince	princo	ge-oj
principal	ĉefa	e
promener (se)	promeni	ado
quelconque	ajn	
quoique	kvankam	
réjouir (se)	ĝoji	o, mal-i, eg
roi	reĝo	ge-oj
selon	laŭ	
sonore	sonora	ilo, ieto
soupe	supo	ujo, ujeto
sourd	surda	ulo, ulino, ulido
tel, telle	tia	
tour, rang	vico	

VERSION

La finiĝo de la afero estis pli bona ol ĝia komenciĝo. La lernanto petis sian instruiston al li pardoni. La Eiffel'a turo (*tour*) estas dufoje pli alta ol la sonorilturo de Strasburgo. Posedanta pli ol dek kvin cent milionojn, Carnegie el ili donis jam pli ol tri cent. Mi aĉetos tiun porkinon por ke ĝi donu al mi idojn. Mi vidis hieraŭ vespere la junajn gefianĉojn; ili ŝajnis tiel feliĉaj, kiel oni povas esti. Mia bofratino estas la plej bona el la virinoj. Donu al ili, tiom da supoj, kiom ili volos. Amiko, venu kiel eble plej rapide. Vi atentu por bone skribi.

THEME

Faites attention à l'aiglon ! Le roi s'amuse. Priez-le de vous dire (qu'il vous dise) comment cet écrivain est venu. C'est un homme de plus en plus estimable. Qui donc fait ce grand bruit ? Le petit-fils et la petite fille. Est-ce que le fils du patron est ici ? L'habileté de cet israélite est admirable ! Agitez (*movigu*) fortement la sonnette, car il y a quelques sourds ici. J'étais en train de me peigner quand il m'a montré cette écriture. Parlez le plus bas (*mallaŭte*) possible.

PHRASES ET LOCUTIONS USUELLES

— Kiam oni vidos vin?
Quand vous verra-t-on ?

— Ne eniru nun?
N'entrez pas maintenant !

— Ĉu vi foriros frue, malfrue?
Partirez-vous de bonne heure, tard ?

— Ĉu vi havas ĉion, kion vi bezonos?
Avez-vous tout ce qu'il vous faut ?

— Rapidu, estas malfrue.
Dépêchez-vous, il est tard.

— Estus pli bone prokrasti tion ĝis morgaŭ.
Il vaudrait mieux remettre cela à demain.

— Pretigu la manĝilaron, ni tuj manĝos.
Mettez le couvert, nous allons manger.

— Li ĵus alvenis.
Il vient d'arriver.

— Mi tuj estus alveninta.
Je serais arrivé de suite.

— Mi timas ke li ne estu alveninta.
Je crains qu'il ne soit pas arrivé.

— Kiel! vi trinkas akvon?
Comment ! vous buvez de l'eau !

— Ĉu vi preferas panon aŭ kukon?
Préférez-vous du pain ou du gâteau ?

— Je kioma horo vi leviĝas?
A quelle heure vous levez-vous ?

DIXIÈME TABLEAU

PRÉPOSITION (révision, emploi comme préfixe) :

al, *à, vers*	alporti, *apporter*; aldoni, *ajouter*
antaŭ, *avant, devant*	antaŭdiri, *prédire*
de, *de (point de départ)*	deveni, *provenir, venir de*; deiri, *s'éloigner*
el, *de (sortie, parachèvement)*.	eliri, *sortir*; ellabori, *achever*.
en, *dans, en*	eniri, *entrer*; enhavi, *contenir*
for, *loin, au loin*	foresti, *être absent*; foriri, *s'éloigner*
inter, *entre, parmi*	interŝanĝi, *échanger*. interparoli, *causer*.
kontraŭ, *contre*	kontraŭdiri, *contredire*
kun, *avec, en compagnie de...*	kunveni, *se réunir*; kunlabori, *collaborer*
pri, *concernant*	pripensi, *réfléchir à...*
sub, *sous*	subteni, *soutenir*
supre (n), *en haut*	supreniri, *monter*
tra, *à travers*	trairi, *traverser*

Autres prépositions usuelles : apud, *auprès de*; ĉe, *chez, à*; ĉirkaŭ, *autour de*; dum, *pendant*; ekster, *hors de*; laŭ, *selon, d'après*; malgraŭ, *malgré*; post, *derrière*, sen, *sans*; trans, *au-delà de;* je, *à, pour indiquer l'heure;* super, *au-dessus de.*

Participes-Substantifs et Adverbes :

Nous connaissons le participe-adjectif :

amanta, trinkintaj, amita, etc...

En remplaçant la finale *a* par *o,* on obtient des noms d'être :

Ex. : amanto (*un homme aimant*) ; prezidanta (adj.) (*faisant l'action de présider*). prezidanto, *un président* ; prezidinto, *un ex-président* ; prezidonto, *un futur président.* la amato, *l'aimé ;* la amito, *l'être aimé* (*ayant été aimé,* passé).

En remplaçant la finale *a* par *e,* on obtient un participe-adverbe qui traduit les expressions : *en marchant, en écrivant, après avoir lu,* etc. (marŝante, skribante, leginte...).

Accusatif de Durée : Outre le complément direct et le but, on met aussi à l'accusatif les noms qui marquent *la date, la durée, la mesure, le prix,* à moins qu'ils ne soient précédés, soit de la préposition convenable, soit de la préposition *je.*

Ex. : mi venos je mardo, dum mardo, mardon.

Parizo, la 3-an de... ; ni restu 3 tagojn. (ou dum **3** tagoj).

Suffixes : *obl,* multiplicatif : *duobla,* double.

on, fractionnaire : *triono,* tiers.

op, collectivité : kvarope, à quatre.

LA DERNIÈRE COLÈRE DE BOURRACHE

— Çà n'a pas l'air d'aller, Bourrache ?

— Çà suffit ! J' te prie de me laisser à mes « perocupations » personnelles, vu que on ne peut pas faire quasiment un groupe ou un rassemblement de « samideanoj... ».

— *Samideanoj ?*

— Mais oui, tourte ! *des partisans de la même idée,* quoi ! Des *samcelanoj* si tu ne comprends pas !

— *Samcelanoj ?*

— J' te colle 2 jours de corvée pour avoir oublié ta cervelle : *des partisans du même but* ! Y es-tu, maintenant ? C'est p't' être aussi que tu n' comprendrais plus « *même* » ?

— Ben dam', p't' être ben un peu...

— Eh ben, double tourte, écoute voir : le mot *même* français à 3 segnifications : 1° même (*eĉ*) si Seboule l'offrait, j' le prendrais pas ; 2° C'est lui-*même* (mem) qui l'a dit ; 3° Ma raison et la cervelle de Seboule c'est pas la *même* (sama) chose, vu que...

— Dis donc, te gênes pas !

— Çà suffit, çà va bien ! et si c'est qu' tu n'es pas content, je pourrais voir à t' fourrer dedans jusqu'à la gauche... et çà fera des p'tits...

— Te fâches pas ! J'aime mieux t'emmener avec moi pour en voir une « se dessouder... ».

— Çà suffit que j' te dis ! çà suffit ! Et puis, subséquemment que je te dépose le commandement de traduire, tout d' suite, les mots « se dessouder » ou çà va barder ! Je vais t'apprendre à parler « correctueusement » à ton supérieur ! C'est p't' être vu que t'es jaloux d' mes galons, que tu voudrais p't' être me les faire perdre ? C'est pas toi qui les a gagnés, pas? Ah! mon sacré colon! Et cette réponse là, c'est-y pour *hodiaù* ou pour *morgaù ?*

— Mais je cherche, je voulais censément dire « boire ».

— C'est pas vrai ! T'as parlé de bouteille qui se casse, tu t'en vas faire ce que j' te commande !

— Ben, censément qu'une bouteille se casse pas toute seule. Si je dis : *la bouteille est cassée* (ou s'est cassée), je dois dire « *la botelo rompiĝis,* est devenue cassée, rompue; et même que j' n' pourrais pas dire « *la botelo rompis sin* » parce que c'est pas elle qui a fait l'action, elle est seulement devenue cassée, donc *iĝ*, pas vrai?

— Hum ! C'est çà, oui ! Mais, je vois que

tu as quelquefois un sale caractère et qu'il faut quasiment se fâcher pour t'arracher les essplications, à toi !... T'en vas pas ! Tu vas m' dire ce qu'est M. Loubet, l'ancien président de la République ?

— Un « *Prezidinto* » (int' employé comme suffixe : l'être ayant fait *int'* l'action de présider).

— Et actuellement ?

— Ben! nous avons un « *Prezidanto* » (ant' employé comme un suffixe : l'être qui fait, faisant l'action de présider).

— Allons, çà va mieux, toi tu es un « *demandito* » (...ito : l'être ayant subi l'action d'être questionné). Même que j' vas t' dire encore une bonne chose : quand tu verras un mot qui représente une idée de temps : *minuto, semajno, jaro,* etc..., s'il n'y a pas une préposition : *en, dum, ĝis, de, post, antaŭ*, etc., devant ces mots de temps, mèts toujours l'*n* accusatif de durée, parce que çà voudra dire qu'il y a une préposition de supprimée.

— Je sais : *Li parolos dum unu horo* ou alors « *Li parolos unu horon* »... A r'voir, Bourrache !

VOCABULAIRE

(La traduction des mots nouveaux formés à l'aide des affixes de la 3e colonne se retrouve en partie dans le thème).

abonner (s')	aboni	igi, anto, intino
aider	helpi	anto, into, mal-i
Allemand	Germano	a, ujo
âne	azeno	ino, ido
appartenir	aparteni	
autour	ĉirkaŭ	
autre	alia	e
but	celo	
chien	hundo	ino, ejo, ido, idejo
collectivement	ope	
conduire	konduki	isto, anto, istino
conseiller	konsili	o, anto, into, inda
deux	du	e, ona, obla, ope
d'une manière	iel	
en dehors de	ekster	
envoyer	sendi	isto, anto, into
excepté	escepte	
fervent	fervora	ulo, ulino, eco
glaive	glavo	ingo, ingeto
instruire	instruire	ado, anto, isto
juger	juĝi	isto, onto, ato
loin	for	
lutter	batali	o, antino, ema

même (adjectif)	sama	
multiplier	multobligi	
où	kie	
parfait	perfekta	eco
passer	pasi	
passer (faire)	pasigi	
posséder	posedi	into, onto
pour une raison	ial	
prendre	preni	
prêt	preta	igi
proposer	proponi	ebla, anto, **into**
quand	kiam	
raconter	rakonti	o, anto, isto
raison (qui a)	prava	mal-a
recevoir	ricevi	isto, anto, ontino
remède, moyen	rimedo	
résultat	rezultato	
sain	sana	mal-a, mal-iĝi
suivre	sekvi	anto, into
tous les deux	ambaŭ	
trois	tri	a, e, one, oble, ope
tomber	fali	
vaincre	venki	ebla, into, ita, ato
visiter	viziti	anto, ato, atino
voiture (aller en)	veturi	ilo, igi, igisto
voyager	vojaĝi	istino, anto, oma
et ainsi de suite	kaj tiel plu	
je vous prie	mi petas vin	
c'est-à-dire	tio estas	

VERSION

Mi tion diris al li, pro la timo ke li venu kaj malhelpu nian vojaĝon. Mi tre volas, ke vi estu skribinta tiun ĉi leteron antaŭ mia reveno, ĉar la ricevonto ĝin atendas de kelkaj tagoj. Donu al mi duonon kaj al li kvaronon. Post la fino de la batalo, estas multe da kuraĝuloj. La duoblo de tri estas ses. Morgaŭ mi iros ĉe mian amikon (aŭ al mia amiko). Ni amuziĝas kvarope. Ĉiuj dormintoj stariĝas. Irante al la urbo, ŝi renkontis Leonon. Pli feliĉa estas donanto ol prenanto. Oni ne batas venkiton. Mi iros tion la proksiman semajnon. Mi kantis dum la lasta lundo.

THEME

Cette abonnée a un autre but. A qui est cette chienne, qui se promène autour de la niche ? Ce conseiller fait deux fois plus de travail que les autres. Est-ce le même conducteur qui apprête la voiture ? La femme cochère va passer un mois à (*sur*) la campagne. Il a tort (d') agir ainsi, car il entrave les recherches (*serĉadojn*) du juge. L'enseignement proposé est acceptable. L'envoyeur a écrit au destinataire à ce sujet. Quand votre voyageur nous visitera-t-il ? Ils sont malades tous les deux. Le futur possesseur de cet ânon le fera courir une demi-heure.

PHRASES ET LOCUTIONS USUELLES

— Mi malpermesas tion al vi!
Je vous le défends !
— Mi permesas al vi eliri.
Je vous permets de sortir.
— Tiuj okulvitroj ebligas al mi legi tion.
Ces lunettes me permettent de lire cela.
— Tiu nubo ne ebligas al mi lin vidi.
Ce nuage ne me permet pas de le voir.
— Antaŭen! Malantaŭen! Dekstren!
En avant ! En arrière ! A droite (mouvements).
— Sidiĝu, m. p. v.
Asseyez-vous, s. v. p.
— Bonvolu senkulpigi min.
Veuillez m'excuser.
— Kiu diris tion al vi?
Qui vous a dit cela ?
— Ĉu estas leteroj por mi?
Y a-t-il des lettres pour moi ?
— Al kiu flanko vi iras?
De quel côté allez-vous ?
— Estas nekredeble.
C'est incroyable.
— Mi prezentas al vi miajn gratulojn!
Je vous présente mes félicitations.
— Ĉu vi loĝas tie ĉi?
Habitez-vous ici ?

ONZIÈME TABLEAU

VERBES IMPERSONNELS : Ne se conjuguent qu'à la 3e personne (le *il* français ne se traduit pas). Ex. : Il pleut, pluvas.
Il a neigé, neĝis.

Les locutions impersonnelles : *il faut que, il se peut que, il me plairait que,* se traduisent : estas necese ke, povas esti ke, plaĉus al mi ke.

VERBES RÉCIPROQUES : Les expressions *l'un l'autre, les uns les autres,* dans les verbes réciproques, se rendent par « unu la alian ».
Ex. : nous nous voyons, ni vidas nin unu la alian (ou ni vidas nin reciproke).

INFINITIF PRÉSENT ET PASSÉ : Les infinitifs présent et passé peuvent se rendre de plusieurs manières :

— *Il croit arriver dans 6 jours.*
— Li opinias, ke li alvenos post 6 tagoj.
— *Il me semble l'avoir vu.*

— Ŝajnas al mi, ke mi vidis lin,
— *Après avoir lu ce livre...*
— Leginte tiun libron...

Remarque : Les prépositions *à, de*, précédant l'infinitif français ne se traduisent pas. Sont seuls admis : por, antaŭ ol, anstataŭ.

Ex. : *Je permets de chanter,* mi permesas kanti.

Venez m'aider, venu por helpi min.

Accusatif de Clarté : Quand nous disons : *Je nomme mon fils Pierre,* la phrase a un double sens : 1° *Je donne un nom à mon fils* :

Je nomme mon fils (:) Pierre.

Mi nomas mian filon Petro, (pas d'*n*, car l'action ne se porte pas sur le mot attribut « Pierre », mais sur « mon fils » seulement.

2° *Je nomme, je désigne* (comme vainqueur, par ex.), *Pierre,* mon fils Pierre :

Je nomme mon fils Pierre.

Mi nomas mian filon Petron (l'accusatif à « Petro », car il est désigné, il subit l'action).

N.-B. — Employer l'accusatif de clarté dans tous les cas semblable.

Remarque : *si,* lorsqu'il y a idée de condition, se traduit par *se.* Ex. : se vi volus ni manĝus.

si, dans l'interrogation indirecte (sens de *oui ou non* et *est-ce que*) se rend par *ĉu*.

Dites moi si vous viendrez.

Diru al mi, ĉu vi venos.

si, dans le sens de tellement, se rend par *tiel*. Ex. : li estas tiel (si) bona!

Préfixe : *eks*, traduit le « *ex* » français.

eksfarmacisto, ex-pharmacien.

Suffixes : *er*, indique le morceau, le fragment.

sablero, grain de sable.

estr, désigne le chef.

urbo, ville ; urbestro, maire.

LES ADIEUX DE BOURRACHE

— Pour lors, mon vieux Seboule, j' m'en vas voir à te quitter demain matin et si tu veux venir avec moi maintenant au lavoir dire « au revoir » à ma tante qui est là quasiment comme « *Lavejestrino...* »

— Ah ! oui, *maîtresse* (chef) *de lavoir* ! Allons-y !

— Et puis, en route, j' te passerai quelques renseignements que j'ai retrouvés. D'abord, il ne faut pas confondre « *loko* » (endroit, lieu) avec *placo* (place d'une ville). Quand je dis « *Allez à votre place* ».

— Oui, tu diras « *Iru al via loko* ».

— C'est çà ! C'est la même chose avec *ami* (aimer) et *ŝati* (priser, estimer). Une supposition que j' dis : *J'aime beaucoup ces pommes* », *je dirais...*

— *Mi ŝatas multe tiujn pomojn...*

— T'es calé ! tu fais des progrès ! Encore un autre : ne te trompes pas non plus entre *kurioza* (curieux, dans le sens de singulier, surprenant) et *scivolema* (curieux, dans le sens de enclin à vouloir connaître, savoir).

— J'y ferai attention.

— Tiens ! à présent, les différentes manières de traduire le *de* français : « *de* » *après un nom de mesure, de poids, de quantité, se traduit par « da... ».*

— Çà, je l' savais !

— « *De* » *après un nom de nombre et signifiant « d'entre » se traduit par « el ». Il se traduit aussi par « el » quand il marque l'origine, la provenance, la matière.* Ainsi : *un vase d'or* se dirait « *vazo el oro* », vu que c'est fait, çà vient de l'or. Partout ailleurs le *de* se traduit généralement par *de*...

— Nous voilà arrivés ! J' te laisse, Bourrache !

— Un mot, Seboule, on s'écrira *reciproke*, pas vrai ? Et puis, si des fois que t'avais l'occasion de passer par Farbizon-les-Dunes, tu peux venir, *ci estos bone akceptata...*

— Comment ?

— *Tu seras bien reçu* ! On dit *akcepti* dans ce cas là et non *ricevi*...

VOCABULAIRE

(La traduction des mots nouveaux formés à l'aide des affixes de la 3e colonne se retrouve en partie dans le thème).

argent (métal)	arĝento	
argent (monnaie)	mono	ero, ujo
barque	barko	eto
changer	ŝanĝi	ema
Christ	Kristo	ano, anido
construire	konstrui	isto, anto, into
combien	kiom	
corbeau	korvo	ino, ido
du reste	cetere	
empire	imperio	estro, estrino
emploi	ofico	isto, istino, ejo
employer, se servir	uzi	inda, ebla
ensemble	kune	
en effet, de fait	ja	
enfanter	naski	iĝi, iĝo
éveiller	veki	o
exiger	postuli	o, ema, emulo
famille	familio	estro, estrino
fermer	fermi	mal-i, ilo
feu	fajro	ero
général (adjectif)	ĝenerala	o
grâce à	dank'al	
jouer	ludi	ilo, isto, anto, o
journal	jurnalo	eto, aro, isto

manquer	manki	
mouton	ŝafo	ino, **ido**, idino
muet	muta	ulo, ulino, iĝi
musique	muziko	istro eks-istino
nulle part	nenie	
nez	nazo	
où	ju pli, des pli	
plus... plus	kie	
poussière	polvo	ero
présider	prezidi	eco, anto, into
prix	prezo	
professeur	profesoro	ge-oj, ino, eks-o
régner	regni	o, estro, ato
répondre	respondi	
rien du tout	nenio	
sable	sablo	ero
sauver	savi	into, **ito**, onto
soigner (un malade)	kuraci	isto
station	stacio	estro, estrino
succès	sukceso	
tant mieux	des pli bone	
tenir	teni	
toucher	tuŝi	eti, ebla
trou	truo	eto
valeur	valoro	eco
vaste	vasta	mal-a, iĝi
viande	viando	
voler (dérober)	ŝteli	anto, isto, ito

VERSION

Mi havas la honoron vin saluti. Antaŭ ol viziti lin, estu konsilita de iu. Blovas vento malvarma. Se neĝas sur la monto, estas malvarme en la valo. Estas necese, ke li havu sian parton. Estas preferinde, ke vi atendu. Diru al mi ĉu estas varme aŭ malvarme hodiaŭ. La homaro, vidante la utilecon de lingvo (*langue*) internacia, ne restos anaro da ekzistaĵoj ne komprenantaj unu la alian. Li timas ne veni. Ili tenis sin reciproke per la brakoj. Mi ĝojas vin vidi. Se vi volus, mi povus kanti. Mi ne scias, ĉu li kantos. Estas tute malpermesate fumi tie ĉi.

THEME

Combien coûte ce porte-monnaie? Le constructeur n'a pas été trop exigeant pour ce chef de famille. Oui, il est à Constantinople, mais c'est le fils d'un chrétien. Est-ce que cette muette que nous voyons là-bas n'est pas ex-musicienne? La presse raconte aujourd'hui que cette employée s'est jetée sous une voiture et non sous le train (*vagonaro*). L'empereur joue presque toujours le matin. Avez-vous une pièce de monnaie quelconque? La présidence a été donnée à un ex-professeur. L'Esperanto se répand (*disvastiĝas*) très rapidement.

RÉCAPITULATION D'ADVERBES DE TEMPS

nun, *maintenant*; nune, *à présent.*
hodiaŭ, *aujourd'hui*
hieraŭ, *hier*
morgaŭ *demain*
je ĉi tiu semajno, *cette semaine-ci*
je lasta semajno, *la semaine dernière.*
je proksima semajno, *la semaine prochaine.*
je tiu ĉi monato, *ce mois-ci.*
je lasta monato, *le mois dernier.*
je proksima monato, *le mois prochain.*
je tiu ĉi jaro, *cette année-ci.*
je lasta jaro, *l'année dernière.*
je proksima jaro, *l'année prochaine.*
matene, *le matin.*
posttagmeze, *l'après-midi.*
vespere, *le soir.*
nokte, *la nuit.*
hodiaŭ matene, *ce matin.*
hieraŭ, morgaŭ matene, *hier, demain matin.*
morgaŭ posttagmeze, *demain après-midi.*
je januaro, *en janvier.*
je la 23-a de januaro, *le 23 janvier.*
je lundo, *lundi.*
je printempo, *au printemps.*
je la unua (horo), *à une heure.*
je 1909, *en 1909.*

DOUZIÈME TABLEAU

CONJONCTIONS : Il y a des mots qui servent à unir deux mots ou deux parties de phrases, qui indiquent leur jonction. Ce sont les *conjonctions*. Ex. : Paul *et* Jean. Je crois *que* c'est lui. *Et, que,* sont conjonctions.

Quelques locutions les plus usitées : aŭ, *ou bien*; ĉar, *car*, *parce que*; cetere, *d'ailleurs, du reste*; de nun, *désormais*; escepte se, *à moins que*; ĝis kiam, *jusqu'à ce que*; kaj, *et*; ke, *que*; post kiam, *après que*; sekve, *par conséquent*.

INTERJECTIONS : Exclamations exprimant la joie, la douleur, la surprise, la colère :

Brave, *bravo!* dankon, *merci!* fi, *fi!* ha, *ah!* nu, *eh bien !* saluton, *salut !* silenton, *silence !* ve, *hélas !*

REMARQUE : *Moŝto* est un titre de politesse.

Lia Reĝa Moŝto, sa Majesté le Roi.

Lia Ministra Moŝto, son Excellence M. le Ministre.

SUFFIXES : *ĉj*, diminutif caressant (masculin).

Leono, Léon; Leonĉjo, petit Léon.

nj, diminutif caressant (féminin)

patrino, mère; patrinjo, maman.

aĉ, pris en mauvaise part.

ĉevalaĉo, une rosse; skribaĉi, gribouiller.

um, suffixe à sens indéterminé.
butono, bouton; butonumi, boutonner.

Mots Simples : Dans ces mots, *ci* a la signification de *tout*; i', *indéterminé*; **ki'**, *quel* ? ; neni', *aucun* ; ti', *ce, cet, cette*.......

Qualité :

Kia, de quelle qualité, quel, quelle ?
tia, de telle qualité, tel, telle.
ia, d'une qualité quelconque, **indéterminée**.
ĉia, de toute qualité, chaque.
nenia, d'aucune qualité, nul.

Motif, cause :

kial, pour quel motif, pourquoi ?
tial, pour ce motif, pour cela.
ial, pour une raison quelconque, indéterminée.
ĉial, pour tous les motifs.
nenial, pour aucune raison.

Temps :

kiam, en quel temps, quand ?
tiam, en ce temps, alors.
iam, une fois, en un temps indéterminé.
ĉiam, dans tous les temps, toujours.
neniam, en aucun temps, jamais.

Lieu :

kie, en quel lieu, où ?
tie, en ce lieu, là.
ie, quelque part, en un lieu indéterminé.
ĉie, partout, en tous lieux.
nenie, en aucun lieu, nulle part.

Manière :

kiel, comment, de quelle manière ?
tiel, ainsi, de cette manière.
iel, d'une manière quelconque, indéterminée.
ĉiel, de toutes les manières.
neniel, nullement, en aucune manière.

Possession :

kies, de qui, à qui, dont, de quel possesseur.
ies, à, de quelqu'un, d'un possesseur indéterminé.
nenies, à personne, de personne.

Chose, objet :

kio, quoi, quelle chose ?
tio, cela, de cette chose.
io, quelque chose, une chose indéterminée.
ĉio, tout, toute chose.
nenio, rien, aucune chose.

Quantité :

kiom, combien, en quelle quantité ?
tiom, tant, autant, en cette quantité.
iom, un peu, en quantité indéterminée.
ĉiom, le tout, en totalité.
neniom, rien du tout, en aucune quantité.

Individualité :

kiu, qui, lequel, laquelle, quelle personne ?
tiu, ce, cet, cette personne, cet individu.
iu, quelqu'un, personne indéterminée.
ĉiu, chacun, chaque, tout individu.
neniu, personne, aucune personne.

UNE LETTRE DE BOURRACHE

Farbizon, la 29-an de Septembro.

Mia kara Siboule,

kaj karaj Amikoj,

Mi bone revenis en mian vilaĝon kaj nun mi laboras kun miaj gepatroj; sed kelkafoje (quelquefois) mi ankoraŭ pensas pri miaj amikoj, kiujn mi lasis en la kazerno.

Mia reveno estis sufiĉe gaja : en preskaŭ ĉiuj stacioj, mi renkontis esperantistajn samideanojn, al kiuj mi estis skribinta antaŭe (j'avais écrit d'avance). Eĉ mi haltis en unu el la urboj, kiujn mi trapasis kaj tie mi vizitis la konsulon (consul) esperantistan kaj ankaŭ la Prezidanton de la grupo, kiu estas tre afabla viro. Li montris al mi sian belan kolektaron de esperantaĵoj : li havas multege da poŝtkartoj (cartes postales) de ĉiuj landoj, kaj ankaŭ kolekton de 120 diversaj specimenoj de ĵurnaloj esperantistaj; li posedas ankaŭ pli ol mil kvin cent librojn esperantistajn, ĉiuj ne similaj (différents). Li donis al mi, senpage, la himnon de la Esperantistoj ; « la Espero » (1),

(1) Voir *Esperanto-Pratique*, même collection.

kaj ankoraŭ belan verdan stelon (étoile), kiu estas la insigno de la esperantistoj. Mi metis tiun stelon sur mian palton, kvazaŭ ordenon (décoration). Kiel vi certe scias, mi ne plu estis vestita (je n'étais plus habillé) kiel soldato; pro tio, mi ankaŭ renkontis sur la strato iujn, kiuj vidante (en voyant) mian insignon, venis rekte al mi kaj petis : « Ĉu vi estas Esperantisto, S-ro? — Jes, mi respondis. — Eble vi estas fremdulo, alilandulo (un étranger)? En tiu okazo, ni ĉiuj estas je via dispono! » Mi dankis kaj diris al ili, ke mi estas Franco.

Vi vidas, ke mi ne tro enuis revenante. En la vagono mi havis apud mi kunvojaĝanton (compagnon de voyage) kiu trinkigis al mi kafaĉon!

Mi esperas iri, la proksiman jaron, al granda festo, kiu okazos en Anglolando. Mi ne scias la anglan lingvon, sed kun Esperanto, mi timas (crains) nenion!

Mi baldaŭ faros kurson ĉi tie. Esperanto tre utilus al kelkaj el miaj samvilaĝanoj, precipe kiam fremdaj (étrangers) turistoj venas por viziti la ruinojn de la kastelo (château) en kiu kuŝis la reĝo antaŭ tricent jaroj. Tiuj turistoj ĝenerale ne scias la francan lingvon kaj estas tre malfacile por kompreni ilin.

Mi sendos al vi, post kelkaj semajnoj, numerojn de diversaj gazetoj, kiujn mi aĉetis por legi en la vagonaro : La Revuo, Lingvo Internacia, Franca Esperantisto, La Movado, k. t. p.

Mi esperas, ke vi daŭrigos (continuerez) la lernadon de Esperanto en supera gramatiko, por ke kelkaj el vi fariĝu profesoroj.

Bonajn kaj amikajn salutojn,

BOURRACHE.

L'auteur de cet ouvrage se tient gracieusement à la disposition des lecteurs de la Collection A.-L. Guyot pour leur fournir tous les renseignements désirables, tant au sujet de la grammaire et des progrès de la langue auxiliaire Esperanto, que des multiples avantages qu'elle procure à tous.

Ecrire « 160, rue Montmartre, Paris » en joignant un timbre pour la réponse.

En raison de la rapidité apportée à l'exécution de cet ouvrage, l'Auteur sera très heureux de recevoir les remarques que voudront bien lui faire les lecteurs de la Collection Guyot. Il les en remércie à l'avance en les assurant qu'il en prendra bonne note pour la prochaine édition.

VOCABULAIRE

(La traduction des mots nouveaux formés à l'aide des affixes de la 3e colonne se retrouve en partie dans le thème).

absolument	nepre	
accomplir	plenumi	anto, **into**
ainsi	tiel	
apparaître	aperi	o, igi
autre part (d')	aliparte	
bouton	butono	eto, **umi**
chaîne	ĉeno	ero
chercher	serĉi	anto, **emulo**
col	kolo	umo
convenir	konveni	ebla
de, à quelqu'un	ies	
de même que	same kiel	
dépenser	elspezi	o
dévoué	sindona	eco
embarrasser	embarasi	
en outre de	krom	
Ernest	Ernesto	ĉjo
essayer	provi	ek-i
essuyer	viŝi	ilo, ileto
goûter	gustumi	eco, aĵo, ulo
étrange	stranga	
guider	gvidi	ilo, isto, igi
longtemps	longatempe	

lune	luno	
manchette	manumo	
Marie	Mario	njo
menacer	minaci	o, eto, ema, re-i
mère	patrino	aĉo
navire	ŝipo	aro, ano, anaro
nombreux	multaj	
nul	nenia	
ordinaire	ordinara	e
peindre	pentri	ajo, ajaĉo
peiner	peni	o, adi
peser	pezi	ilo
peuple	popolo	
Pierre	Petro	ĉjo
plaisanter	ŝerci	o, anto, emulo
plutôt	plivole	
prouver	pruvi	o, ajo
public (adjectif)	publika	o
recevoir	ricevi	ajo, intino
réciproquement	reciproke	
respirer	spiri	
sans doute	sendube	
science	scienco	ulo, ulino
sentiment	sento	i, ebla
soin (prendre)	zorgi	o, ema
soleil	suno	
spécial	speciala	e, ajo
subitement	subite	
toujours	ĉiam	

VERSION

Via Imperiestra Moŝto. Via princidina Moŝto. Al via afabla Moŝto mi volas min turni. La polico estas utila, sed por ke ĝi plenumu sian rolon, estas necese, ke la urbanoj ne vidu malamikojn en la policanoj kaj en la policestro mem. Diru al mi, ĉu mi estas pardonita. Nu! jes, trankviliĝu pri tio. Li ne povis diri kie, kiam, kiel li estis nin vidinta. Faru al li ian demandon kaj petu ke li respondu ion ajn. Tiom da homoj volus ripozi antaŭ ol esti laborintaj. Nenie mi vidis tion. Ni tien kuru kiel eble plej rapide.

THEME

Comment, petit Pierre, votre col est déjà sale ? Je n'ai trouvé qu'un petit bouton et quelque chose qui, je crois, est un anneau de chaine. Cette apparition est vraiment une chose étrange. Ce n'est pas une mère, c'est une marâtre ; regardez comme elle est menaçante. La fabrication des balances est une des spécialités de notre maison (*firmo*). Voyez cette peinture, ou plutôt, si j'ose (*kuraĝas*) m'exprimer ainsi, cette « croûte » ; on a dû essayer de peindre une flotte quelconque. Ce jeune homme est ordinairement très soigneux.

RECAPITULATION D'ADVERBES DE TEMPS ET DE FREQUENCE

poste, *après, plus tard.*
antaŭe, *auparavant, autrefois.*
samtempe, *en même temps.*
antaŭ du horoj, *il y a deux heures.*
antaŭ tri tagoj, *il y a trois jours.*
antaŭ ia tempo, *il y a quelque temps.*
antaŭ kelkaj tagoj, *il y a quelques jours.*
de hieraŭ, *depuis hier.*
dum tri tagoj, *pendant 3 jours.*
jam, *déjà.*
jam ne, *ne... plus.*
ne... jam, *pas encore.*
ankoraŭ, *encore.*
ĉiufoje, *chaque fois, toutes les fois.*
ĉiutage, *chaque jour, journellement.*
ĉiulunde, *tous les lundis.*
ĉiusemajne, *chaque semaine.*
ĉiujare, *tous les ans.*
ofte, *souvent.*
malofte, *rarement.*
ĝenerale, *généralement.*
kelkafoje, *quelquefois.*
iafoje, *parfois, de temps en temps.*
senĉese, *continuellement.*

VOCABULAIRE USUEL

abîmer	difekti
accompagner	akompani
approuver	aprobi
automne	aŭtuno
avis (être d')	opinii
bijou	juvelo
blessure	vundo
bois (matière)	ligno
bouillir	boli
brûler	bruli
carte	karto
céder	cedi
charmer	ĉarmi
colère	kolero
coller	glui
collection	kolekto
condition	kondiĉo
consentir	konsenti
considérer	konsideri
consister (en)	konsisti (el)
content	kontenta
corps	korpo
correspondre	korespondi
crime	krimo

curieux	kurioza
cultiver	kulturi
danser	danci
décider	decidi
devoir (être débit.)	ŝuldi
diligent	diligenta
discret	diskreta
discuter	diskuti
doux	dolĉa
écouter	aŭskulti
embrasser	kisi
ennuyer (s')	enui
été	somero
étoffe	ŝtofo
étonner (s')	miri
étudier	studi
expédier	ekspedi
fer	fero
fête	festo
flamme	flamo
forme	formo
fumer	fumi
genou	genuo
habitude (avoir l')	kutimi
hiver	vintro
hôtel	hotelo
inciter	inciti
intelligent	inteligenta
inviter	inviti
jambe	kruro
jaquette	ĵaketo

langue (anat.)	lango
langue (idiome)	lingvo
lettre (missive)	letero
lettre (alphabet)	litero
lumineux	luma
manière	maniero
meuble	meblo
mouche	muŝo
obliger	devigi
occuper	okupi
œuf	ovo
oublier	forgesi
pain	pano
pantalon	pantalono
page	paĝo
payer	pagi
peau	haŭto
pied	piedo
pièce	peco
pierre	ŝtono
pitié (avoir) (de)	kompati (pri)
plaire	plaĉi
poche	poŝo
poisson	fiŝo
poste	poŝto
printemps	printempo
rang, tour	vico
remplacer	anstataŭi
réparer	ripari
répéter	ripeti
respecter	respekti

sage	saĝa
sec	seka
secouer	skui
silence	silento
soulier	ŝuo
souffrir	suferi
spirituel	sprita
tourner	turni
tranchant	akra
tranquille	trankvila
trembler	tremi
vertu	virto
wagon	vagono
visage	vizaĝo
voisin	najbaro
voix	voĉo

Grande Imprimerie de Troyes, 126, rue Thiers

EXTRAIT DU CATALOGUE

ŒUVRES COMIQUES

René Blond. — *La vie de caserne en rose :*

408 Le Soldat Boustif.......................... 1 v.
409 Le Caporal Boustif......................... 1 v.
410 Le Sergent Boustif......................... 1 v.
416 **Paul de Sémant.** — Le Sergent Blache......... 1 v.
417 — Les Farces du P'tit Frick.. 1 v.
418 — Ce Sacré Poilut........... 1 v.
419 — Ce Sacré Foissotte......... 1 v.
420 **Paul Féval fils.** — Un Notaire embêté........ 1 v.
421 **Théodore Cahu.** — Le Régiment des hommes à poil.................. 1 v.
422 — Nos farces au Régiment.... 1 v.
423 — L'Amour, il n'y a que ça ... 1 v.
424 **Ch. Bérard.** — Pour rire à deux............... 1 v.
426 427 **Pigault-Lebrun.** — Monsieur Botte......... 2 v.
428 429 — L'homme à la pièce curieuse. 2 v.
432 **Joseph Montet.** — La Vie fantasque........... 1 v.
433 **D. Chéri.** — La vertu du Mari... .... 1 v.
434 — La vertu de Madame............. 1 v.
435 **Ch. Bérard.** — Les 6 femmes de M. Pingouin.. 1 v.
436 **Jean Soleil.** — La Bicycliste récalcitrante...... 1 v.
437 **Max de Jersey.** — Tertrouille au 41e d'Artillerie. 1 v.
438 — Tertrouille ordonnance..... 1 v.

ROMANS D'AVENTURES

Vincent Huet. — *Au Pays Arabe :*

501 Le Disparu............................ 1 v.
502 Les Cavernes des Hall-el-Oued.......... 1 v.
503 504 **G. Guitton-Le Rouge.** — La Conspiration des Milliardaires..... 2 v.
505 506 — A coups de milliards.......... 2 v.
507 508 — Le Régiment des hypnotiseurs. 2 v.
509 510 — La Revanche du Vieux-Monde. 2 v.
511 512 **Capitaine Marryat.** — Le Vaisseau Fantôme 2 v.
513 514 — Le Spectre de l'Océan 2 v.

Chez tous les libraires : 0 fr. 20 — Franco-poste : 0 fr. 25

EXTRAIT DU CATALOGUE

ŒUVRES DE FENIMORE COOPER

201 202	Le Corsaire rouge	2 vol.
203 204	Le dernier des Mohicans	2 vol.
205 206	La Longue-Carabine	2 vol.
207 208	La Fille du Sergent	2 vol.
209 210	Rosée-de-Juin	2 vol.
211 212	Bas-de-Cuir	2 vol.
213 214	La Prairie	2 vol.
215 216	Le vieux Trappeur	2 vol.
217 218	Le Tueur de daims	2 vol.
219 220	Œil-de-Faucon	2 vol.
221 222	Le Cratère ou les Robinsons américains	2 vol.
223 224	L'Espion	2 vol.
225 226	Aventures d'un Capitaine américain	2 vol.
227 228	A bord et à terre	2 vol.
229 230	Un Cousin d'Amérique	2 vol.
231	Les Chasseurs de phoques	1 vol.
232	Dans les glaces du Sud	1 vol.
233	L'Orteil de Satan	1 vol.
234	L'Indien Sans-Traces	1 vol.

J.-B. WYSS

249 250	Le Robinson Suisse	2 vol.

PAUL DE SÉMANT

Aventures de Dache :

294	Le Perruquier des Zouaves	1 vol.
295	Le Sergent Dache	1 vol.

THÉODORE CAHU

296 297	Une Fortune dans les nuages	2 vol.
298	Les Naufragés du ciel	1 vol.
299 300	L'Ile désolée	2 vol.

Chez tous les libraires : 0 fr. 20 — Franco-poste : 0 fr. 25

www.ingramcontent.com/pod-product-compliance
Ingram Content Group UK Ltd.
Pitfield, Milton Keynes, MK11 3LW, UK
UKHW021108220726
13924UKWH00004B/1580

9 782019 959180